Adolescencia, oportunidad y reto

Cathy Calderón de la Barca

Adolescencia, oportunidad y reto

¡No tires la toalla!

Entiende, forma y acompaña desde el amor,
a tu adolescente en su camino hacia la madurez,
plenitud y felicidad

URANO

Argentina – Chile – Colombia – España
Estados Unidos – México – Perú – Uruguay

1.ª edición México: febrero 2022

Copyright © 2021 Cathy L. Calderón de la Barca Sánchez
All Rights Reserved
© 2021 *by* Ediciones Urano SAU
Plaza de los Reyes Magos 8, piso 1.º Cy D – 28007, Madrid
© 2021 *by* Ediciones Urano México, S.A. de C.V.
Ave. Insurgentes Sur 1722, 3er piso. Col. Florida
Ciudad de México, 01030. México
www.edicionesuranomexico.com

ISBN: 978-607-748-395-3

Fotocomposición: Ediciones Urano, S.A.U.
Ilustraciones *by* Andrea Malo Juvera Magny

Impreso por: Impresos Vacha, S.A. de C.V.
Juan Hernández y Dávalos 47. Col. Algarín. Cuauhtémoc, CDMX, 06880.

Impreso en México – *Printed in Mexico*

Este libro te dará las herramientas de apoyo y te dirá cómo transitar la adolescencia, la etapa más complicada para cualquier mamá o papá, transformándola en una gran oportunidad para probar tu capacidad de liderazgo, empatía, aceptación, comprensión, amor, firmeza y muchas cualidades más, con tu mejor y más valioso proyecto: tu hijo o hija adolescente.

No dejes pasar esta oportunidad de oro para enfrentar el reto de transformarte, junto con tu adolescente, en sus mejores versiones posibles.

Índice

Nota de la autora

En esta época de tanta confusión gramatical y tantos choques lingüísticos entre lo que es correcto y lo que es aceptado quiero hacer aquí una mención de cómo me estaré dirigiendo a ustedes papás y mamás de los adolescentes, así como a sus hijos e hijas.

Lo primero es que será siempre con todo mi respeto y mi admiración.

Lo segundo es que estarán todos siempre incluidos de igual manera.

Lo tercero es que usaré tanto femenino como masculino y diré *padres* refiriéndome a madre y padre, hijos refiriéndome a hijos e hijas, adolescentes refiriéndome a ellos y ellas.

Me parece complicado estar colocando hijos e hijas, ellas y ellos, en todos los apartados, pero lo intentaré a pesar de que las normas de la Real Academia no lo aprueben, y por favor quiero que sepan que incluyo y comprendo a todos los seres humanos, se identifiquen como se identifiquen y que lo que comento en este libro aplica generalmente parejo, sin importar las preferencias sexuales ni las identificaciones de género personales.

Si hay algo en lo que deba hacer una reflexión porque es más para niñas o más en niños lo indicaré ahí y se entenderá que habrá personas del género masculino que entren en cuestiones de las niñas adolescentes y lo mismo habrá personas del género femenino que se identifiquen o se vean reflejadas en cuestiones que coloco como masculinas por practicidad y funcionalidad de este libro.

Quiero aprovechar para compartirles la manera en la que sugiero a los padres y adultos abordar este tema con las nuevas generaciones.

La esencia del respeto, si bien se puede mostrar a través del lenguaje y a través de usar el neutro, siendo la intención el ser incluyentes, lo más importante, es la actitud por parte de quien habla y de quien se dirige a otro.

Podemos enseñar a nuestros hijos e hijas, desde que son pequeños, a través del propio ejemplo y actitud, mostrada al dirigirnos a otros, dando un trato respetuoso por más enojados, confundidos o extrañados con la manera de actuar de las personas que piensan, sienten y actúan distinto a nosotros.

Cuando nuestros hijos e hijas nos solicitan un lenguaje inclusivo y neutro para sentirse respetados, es importante que con todo nuestro amor, cariño y comprensión, les señalemos que en la actitud que mostremos en la relación con otros, es fundamental el respeto a uno mismo y la autovaloración para que, cuando nos encontremos con personas que no han crecido en un entorno con esa sensibilidad, y no se les haya inculcado la práctica de tener un discurso más inclusivo, no nos sintamos mal por ello, ya que estaremos poniendo nuestro poder, valía, autoestima y paz en manos de alguien que carece de las habilidades para ver la vida de esa manera. Esa será una gran práctica de autoestima, autovalía y amor propio. Para nosotros, como padres, madres y adultos encargados de adolescentes, será una prueba de autorregulación.

Si alguien se siente lastimado, ignorado o excluido pido de antemano una disculpa y sepan que nunca fue esa mi intención.

Una vez compartido esto, les agradezco su tiempo y lectura.

Sinceramente,

Cathy Calderón de la Barca

…una amiga de mi hijo, también de 14 años, observaba fijamente, con una sonrisa ruidosa, (claramente gozando el video en el que yo intuía que veía algo muy divertido…) cuando de repente, encuentra mi mirada para decirme con esa risa de adolescente divertido: «Pero que bien la está pasando tu hijo» y de repente, voltea su teléfono, para compartir lo que aparecía en su grupo «reducido» de 65 «close friends», y ahí, frente a mis ojos… ¡mi hijo!, ese chiquito que se estaba estrenando en las fiestas, BEBIENDO DIRECTO DE LA BOTELLA y bailando como si no hubiera un mañana…

Así terminaba el relato de mi paciente, expresando más enojo que frustración, y más miedo que sorpresa. Añorando a ese niño pequeño que alguna vez tuvo en sus brazos y con el cual sentía tanta alegría y mucha paz y que ahora, lo único que le transmitía era pánico, furia y mucha frustración.

¡Bienvenidos a la ADOLESCENCIA!

Adolescencia: la mayor prueba de maternidad y paternidad, en donde recibimos la invitación de convertirnos en el peor enemigo, en el monstruo o bruja más espantosa que hay en la faz de la tierra. Pero también, la etapa que nos reafirma como esa mamá o ese papá que un día nos prometimos ser… ¡Claro!, si es que la logramos atravesar bien.

El día que nos convertimos en padres nos imaginamos nuestra mejor versión. Miramos al futuro y seguramente nos vimos como una figura presente, cercana, protectora, que estaría ahí para enseñar, cuidar, acompañar y ganarse la confianza, cariño y amor de sus hijos e hijas. Solo que no llegó a nuestra familia ese niño que vimos en la foto sonriente y juguetón, ni la niña del comercial tranquila y bien sentada, llegó un ser humano de verdad. Uno que piensa y siente distinto a ti, con otras opiniones, otros gustos y que se mueve a otra velocidad. Y a ti... ¿cómo te está yendo en esta aventura de ser padre, de ser madre? ¿Estás pasando la prueba o tienes ganas de tirar la toalla?

Introducción

Cuántas veces hemos dicho o hemos escuchado está frase: «Nadie nos enseña a ser *padres*», generalmente después de haber cometido una falla. Esta frase comunica lo difícil de esta tarea, y en ocasiones también busca un espacio para cubrir los errores que cometemos, cuando hacemos algo inadecuado o que lastima a nuestros hijos e hijas. Confirma lo complicado que es el rol de la paternidad y maternidad. Este papel nos pone a prueba como personas, ya que no le podemos ofrecer a nuestros hijos, a nuestras hijas lo que no tenemos y lo que no somos, aunque un espejismo nos diga que sí.

El camino de la paternidad y la maternidad, nos da la oportunidad de transformarnos como seres humanos y convertirnos en las personas que realmente queremos ser. Es una invitación a ser congruentes con nuestros valores, con el propósito y sentido de la vida; el problema, es que nadie nos avisó que era a través de la relación con los hijos e hijas que tendríamos que trabajar en este proceso.

Si te consideras realmente paciente, tu adolescente hará que lo compruebes. Si te describes como alguien respetuoso también te pondrá a prueba para comprobártelo y hacértelo saber. Si te consideras congruente con lo que haces y con lo que dices, la adolescencia de tu hijo o hija te llevará a escenarios en donde esa virtud será lo primero que saldrá por la puerta. En fin, todas esas expectativas que tenías de ti acerca de cómo serías con tus hijos e hijas, se pondrán a prueba en esta etapa.

Mi intención al escribir y compartir contigo este libro es que, como madre o padre de un adolescente, tengas estrategias y desarrolles habilidades que te ayuden a construir lazos más sanos. Aunque hayas escuchado que en esta etapa los hijos nos alucinan, descubrirás que lo que alucinan es no sentirse escuchados, si te vuelves ese adulto que mira, escucha y se conecta con ellos formarás parte del pequeño y selecto círculo con el que comparten sus sueños, sus gustos, sus temores, sus risas y sus pasiones. Descubrirás lo fascinante que puede ser esta etapa, en la que se combinan varios factores: ingenio, inteligencia, pasión y muy poquitos límites. Esto no significa que te volverás su amigo y compañero de fiesta sino todo lo contrario, su cómplice para que logre que de todos esos sueños, por lo menos un par, se hagan realidad. Igualmente serás la figura que lo contendrá y el lugar seguro a donde llegar. Y de esta manera, por más enojo que sienta, nunca ponga en duda tu cariño.

Las estrategias que aparecen en este libro, están basadas en más de 25 años de experiencia trabajando con niños y niñas, adolescentes y sus familias. En el trabajo que realicé en el ramo de adicciones habiendo visto adolescentes y «niños problemas» (en el hospital psiquiátrico y en el centro de tratamiento para menores infractores). Teniendo pláticas con adolescentes enojados, frustrados, con sentimientos de soledad y ansiedad, con pensamientos suicidas, que en ocasiones se cortaban y en otras se escapaban de sus casas para buscar conexión, pertenencia y amor en otro lado. Igualmente, en todas esas conversaciones en las distintas oficinas de colegios con los adolescentes que tenían «el pase *VIP*» a la dirección y al departamento de disciplina, que me hicieron conocer una forma intensa de lealtad desenfrenada. Por supuesto todo esto, apoyada en diversos estudios de neuropsicología, distintas teorías psicológicas y autores de neurociencia, liderazgo, psicología y educación, de distintas universidades del mundo, así como fundamentándolo en estudios del bienestar y de la ciencia de la felicidad.

Si estás leyendo estas líneas es ya una señal de que tus hijos o hijas realmente te importan y de que ves en la maternidad o paternidad un camino para transformar una vida.

Después de aproximadamente 30 años de trabajar con padres, madres, niños, adolescentes y adultos, he podido constatar que el papel de padres con consciencia es el que más potencial tiene para cambiar y sanar una sociedad. Si hay consciencia, conocimiento, entendimiento y sabiduría de lo que sucede en esta relación realmente estamos trabajando en dos direcciones para el cambio, el de la generación de nuestros hijos con su propio linaje y el de la nuestra.

* * *

Antes de arrancar propiamente con el primer capítulo, te pido que hagas un alto y visualices ese momento en el que soñabas con ser mamá o papá, en el que decidiste convertirte en padre o madre, o en el que te enteraste que ibas a tener un bebé. Quiero que te detengas ahí, justo en el momento en que te viste desempeñando ese rol. Trae ese momento a tu mente…

¿Qué imagen, qué acuerdo, qué visión o expectativa tuviste contigo mismo del tipo de papá o mamá que serías con tu hijo, con tu hija? Guarda ese recuerdo en tu mente, anota aquello que prometiste o te dijiste. Incluye los valores de ese padre/madre en el que te pensabas convertir cuando te visualizaste. Si no lo pensaste en el pasado, entonces escribe ahora ¿cómo quieres que te recuerden tus hijos?

_____

_____

_____

_____

_____

_____

Ser Padres...

Cuando queremos convertirnos en especialistas de algo, generalmente hay que obtener una licencia que certifique que tenemos los
estándares alcanzados para desarrollar ese papel. Así sucede en una
carrera o profesión, igualmente para operar algún tipo de maquina-
ria, para conducir algún transporte o para realizar algún deporte
que tiene algún riesgo. Normalmente nos topamos con algún examen, un dictamen o una certificación que señale que nuestro nivel
es apto. Cuando entendemos los riesgos y el reto que implica esta
labor de crianza y educación, podemos concluir que se podría ocupar una certificación para saber cómo actuar en los momentos complicados o de emergencia.

Sin embargo, no pasamos ninguna prueba de control de calidad, no se nos exige o se nos hace un cuestionario ni se nos da una
plática previa (a menos que elijamos ser padres por el camino de la
adopción). Y es justo cuando estamos frente a este enorme reto de
ser padres, donde se requiere de toda nuestra paciencia, compromiso y amor incondicional y verdadero, que nos damos cuenta de la
enorme responsabilidad que adquirimos y de las habilidades, conocimientos y aptitudes que requerimos para sentirnos satisfechos.

Para ser padres tenemos, de entrada, únicamente los recursos que nuestros propios padres nos ofrecieron y vamos sumando aquello que aprendemos de otros modelos y otras relaciones —si es que tuvimos la apertura de observar—, añadimos lo que tomamos de nuestra cultura y educación y, si hemos hecho algo de búsqueda o trabajo personal, también lo que obtuvimos de estos. Sin embargo, en general, desconocemos la gran mayoría de temas que implica ser padres. Por ejemplo eso que hace a un ser humano, que en un principio depende de nosotros, llegar a sentir plenitud y autorrealización en las distintas áreas de su vida conforme va creciendo.

La idea de este libro es que te proporcione una visión clara de cómo enfocar tus esfuerzos en los puntos correctos para que tú y tus hijos e hijas sepan cuáles son y los desarrollen juntos. De esta manera podrán contar con los recursos que cada uno necesita para enfrentar las distintas crisis que la vida nos va presentando, así como disfrutar y gozar las oportunidades que también nos brinda.

Ser padres tiene que ver, en su gran mayoría, con educar a través del ejemplo, de la conducta y desde una actitud congruente de lo que decimos con lo que hacemos. Si queremos hacer un buen papel, se requiere una mirada profunda a nuestro interior para saber quiénes somos realmente y no quienes pensamos que somos. De revisar nuestra capacidad de poner límites, de disfrutar, de reír, de sentir, de permitirnos tener errores y aprender de ellos, y de cuidar nuestras relaciones con el otro. Esto incluye saber cómo me comunico y cómo expreso mis emociones.

Si tú vienes de una relación parental fracturada, probablemente te cueste trabajo y te frustre tu relación. Sin embargo, si tomamos la invitación que la etapa de adolescencia nos brinda, a través de nuestros hijos e hijas, para convertirnos en nuestra mejor versión, estaremos agradecidos por esta transformación y, al verlos partir convertidos en adultos cercanos a nosotros, sabremos que hicimos un buen papel y que la adolescencia, en lugar de separarnos, nos unió y nos convirtió a ambas partes en una versión más madura y más plena.

Si estás leyendo este libro para lograr esa versión de ti, esa versión de tu adolescente, estoy segura que al terminarlo, sentirás agradecimiento, reconocimiento y alivio, porque al paso del tiempo podrás comprobar que tu esfuerzo rindió frutos en la relación con tus hijos, en la relación con tus hijas.

Un padre le dijo a su hijo: *Ten cuidado por donde caminas.*
El hijo le respondió: *Ten cuidado tú, recuerda que yo sigo tus pasos.*

1

Cerebro adolescente vs cerebro adulto

Vamos a revisar las bases biológicas de esta etapa, para entender lo que sucede en la adolescencia, tanto en el mundo de las emociones como en el de la conducta. Hoy en día hay tantos estudios e investigaciones acerca del desarrollo del cerebro, que es mucho más sencillo saber qué sí podemos esperar de nuestros adolescentes y qué conductas y actitudes están fuera de su terreno en esta edad, para dejar de frustrarnos gratis y saber qué batallas elegir y cómo aprovechar nuestra energía para no desgastar nuestra relación. Recuerda que lo más valioso que tenemos para estar cerca, es nuestra relación con ellos.

Cerebro adolescente

El engaño de la adolescencia es que, al observar a nuestro hijo, a nuestra hija, pensamos que se ve como un adulto, se mueve como adulto, tiene la fuerza y la destreza física de un adulto, quiere actuar como adulto, tiene los órganos sexuales de un adulto, se puede rasurar y embarazar como adulto, PERO su cerebro no está listo ni maduro como el de un adulto.

Cuando los padres pensamos en la idea de «mi hijo ya maduró», generalmente hablamos de que vemos que son responsables. Pero, para entender la conducta adolescente, quiero partir de la definición de RESPONSABILIDAD y me basaré en la que hace Ronald D. Davis, autor norteamericano del libro «El don de la Dislexia»: *Responsabilidad es cuando se tiene la habilidad y la voluntad de controlar o hacer algo.*

Davis nos explica que la habilidad está ligada a la destreza, a la aptitud, a la oportunidad de practicarlo, así como a tener las condiciones adecuadas para que se dé eso que buscamos hacer o controlar. Por otro lado, nos comparte que la voluntad es esa energía emocional que está ligada a la motivación, la fuerza o impulso capaz de generar un cambio. En resumen, *responsabilidad* es cuando SABEMOS hacerlo y QUEREMOS hacerlo.

Partiendo de lo anterior, si queremos que nuestros hijos e hijas sean responsables debemos de entender primero, qué es ser responsable. Segundo, generar las condiciones para que sepan hacerlo, trabajando en sus aptitudes y recursos. Y tercero, hay que enfocarnos en facilitarles que encuentren los motivos para que quieran hacerlo.

Cuando hablamos de —QUERER— estamos en el campo de las emociones y de la motivación. Estamos hablando de principios de física, usando la intención/voluntad, como la fuerza generadora de cambio.

Cambio= algo que se transforma/ algo que se convierte en otra cosa.

Les comparto aquí algunos ejemplos de los cambios más buscados por los papás y las mamás en la adolescencia:

- Que un cuarto tirado se convierta en un cuarto recogido.
- Que un hijo que elige emborracharse se convierta en un hijo que elige auto-regularse.
- Que una hija que elige subir un comentario agresivo se convierta en una hija que cuida lo que postea.
- Que un hijo que elige mentir se convierta en uno que comparte la situación de riesgo en la que se encuentra.
- Que una conversación que gira 30 minutos en el problema y el *por qué no*, se convierta en una plática que gire en cómo le ayudamos a que lo logre.

- Que un permiso que no damos por miedo a que caigan en las drogas se convierta en un permiso que sí damos porque elegimos confiar.

Todas estas conductas están basadas en la habilidad de auto-regulación para tomar mejores decisiones acerca de nuestras acciones. Igualmente, en el entendimiento del concepto de consecuencia para el cual se requiere la capacidad de predecir que nuestras acciones generan un efecto, que nos traen resultados deseables, pero a veces incómodos o dolorosos, y, lo que es definitivo, es que SIEM-PRE causan un efecto.

Así que, la primera meta que tenemos que lograr, es trabajar en la auto-regulación y capacidad de comprensión, y acompañarnos del concepto de **consecuencia** durante toda esta etapa, con el fin de saber discernir, tomar elecciones atinadas y alineadas con los valores necesarios para una convivencia sana, respetuosa y divertida, y que sume a la vida de nuestros adolescentes y a la de su comunidad.

Así que, el primer punto es reconocer lo que se requiere para auto-regularnos y, para contar con esta habilidad necesitamos lo siguiente:

- La capacidad de auto observación.
- Saber reconocer y nombrar nuestras emociones.
- Estar conectados con nuestro cuerpo y las sensaciones que siento.
- Reconocer nuestro «dialogo interno» para usar una señal de ALTO.
- Tener las condiciones de predecir resultados en mi medio ambiente y mis relaciones, analizando causas y efectos.

Esto, en cuanto a las funciones del pensamiento para poderlo desarrollar. Ahora revisemos qué nos dicen las condiciones del cerebro adolescente para saber que «no le estamos pidiendo peras al olmo».

CEREBRO ADOLESCENTE

CÓRTEX PREFRONTAL
ANÁLISIS INFORMACIÓN
DECISIONES RAZONADAS

SISTEMA LÍMBICO
PLACER Y GRATIFICACIÓN ,
EMOCIONES AL 100%

HIPER REACTIVO
EMOCIONES MÁS INTENSAS,
REACCIONES MÁS IMPULSIVAS,
CONDUCTAS Y EXPRESIONES RUIDOSAS

HIPÓFISIS
HORMONAS SEXUALES
ÉPOCA DE "HORMONA
MATA NEURONA"

INMADURO
NO FRENA LA CONDUCTA

Cerebro adolescente=*Muchas EMOCIONES*
vividas de manera INTENSA
con POCA habilidad de FRENAR y REGULAR.

Cuando hablamos con cualquier especialista en el desarrollo de las funciones del cerebro, nos topamos con la explicación más sencilla del desarrollo que nos dice que, lo último que madura en el cerebro, es el área de la corteza prefrontal. ¿Y qué crees?, justo esta es el área encargada de la función ejecutiva que incluye:

- La auto-regulación y control de impulsos.
- La planeación y organización.

- El establecimiento de metas.
- La organización en el tiempo y el espacio.
- El monitoreo de tareas.
- La selección precisa de conductas y comportamientos.
- La regulación de la conducta por medio de la retroalimentación con tu medio ambiente.

CORTEZA PREFRONTAL
ÁREA DE AUTO-REGULACIÓN, DISCERNIR, RAZONAMIENTO Y REFLEXIÓN (FRENO)

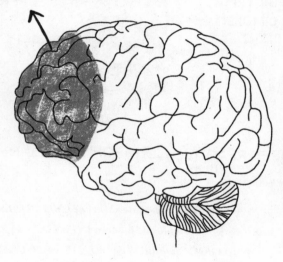

Por otro lado, el área prefrontal incluye, como funciones avanzadas del pensamiento, las siguientes:

- La atención.
- El razonamiento y pensamiento analítico.
- La toma de decisiones.
- La planificación.
- La lectura social de las conductas y comunicación de otros.

- El control del movimiento y los impulsos.
- La autoconciencia.
- El anticiparse (leer e interpretar los estados emocionales de otros antes que nos mencionen cómo están).
- El pensamiento abstracto (permite leer el comportamiento de otros, sus acciones, su lenguaje no verbal, su expresión facial con la carga emocional y las pistas de su estado mental).

Así que ahora entendemos por qué la mayoría de las veces observamos en nuestros adolescentes desorganización, olvidos, inatención en los deberes, desconexión del medio ambiente, falta de estructura y de rutinas, y una larga lista de etcéteras.

Los adolescentes no han desarrollado eso.

Imagina la escena en donde quieres que tu adolescente: Note que estás ocupado y no interrumpa. Vaya a la fiesta y no tome «shots» de alcohol esperando estar sobrio. No te diga «palabras hirientes» cuando está decepcionado y frustrado por el permiso negado. Te de los planes con claridad y bien organizados. Por madurez del cerebro, estás pidiendo IMPOSIBLES.

Ahora echemos un vistazo al área emocional. En el Libro *El Cerebro Adolescente* de la Dra. Frances E. Jansen, especialista y profesora de Neurología, (y madre de adolescentes), nos explica, de manera muy clara, que las hormonas sexuales se encuentran particularmente activas en el sistema límbico, que es el centro emocional del cerebro. Así que, imagina, si nuestros hijos tienen una sobre estimulación en esta zona en donde habitan las emociones, se vuelven un campo minado emocional o una feria de sentimientos.

CEREBRO SOBRE ESTIMULADO

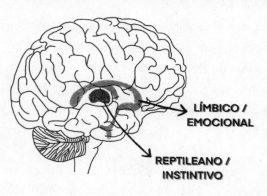

LÍMBICO / EMOCIONAL

REPTILEANO / INSTINTIVO

De hecho, existe una hormona que en los adultos alivia el estrés, pero que en los adolescentes tiene el efecto contrario. Esta es una de las razones por la que a los adolescentes les es más complicado manejar su ansiedad y angustia. Parece que cuando se sienten invadidos por este sentimiento su razón no puede actuar a favor de un estado de calma. Igualmente pasa con la capacidad para decidir no hacer cosas que los pongan en riesgo, ese circuito no está fuerte aún, y digamos que tampoco pavimentado para transitarlo por lo que se vuelve muy complicado que sea la ruta que se elija cuando están experimentado placer o diversión.

En el cerebro del adolescente, el Sistema Límbico, el sistema de las emociones, responde con una fuerza mucho mayor porque no hay circuitos con la misma potencia que hagan el trabajo de regulación.

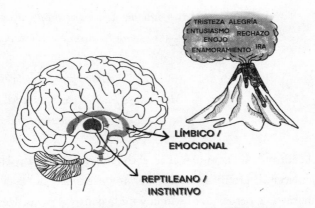

TRISTEZA ALEGRÍA
ENTUSIASMO RECHAZO
ENOJO
ENAMORAMIENTO IRA

LÍMBICO /
EMOCIONAL

REPTILEANO /
INSTINTIVO

RESPUESTA A UNA AMENAZA:
HUYO - ATACO - ME CONGELO

Esa es la razón por la que observamos que nuestros hijos e hijas viven y sienten cada emoción con una gran intensidad como si fueran actores en una obra, perciben, gritan, lloran, pierden el sentido de la vida, se enamoran, buscan justicia, se sienten odiados, viven rechazos, deslealtades y traiciones, así como estrés, angustia y ansiedad, como si en eso se les fuera la vida. Y así lo viven, no tienen la función en la razón para regularlo con la consistencia de un cerebro maduro. Durante la adolescencia se van integrando y conectando varios circuitos ligados a las respuestas emocionales y racionales. En un principio son débiles y poco eficaces, pero con la repetición, la práctica y el tiempo se van consolidando y llegan a la madurez.

El cerebro adolescente es más vulnerable a las experiencias
externas debido a la inestabilidad que tienen sus circuitos,
que están en cambio constante. Debe afrontar cambios muy
importantes y a veces se encuentra pendiente de un hilo, o

mejor dicho «pendiente de un circuito» que está por consolidar neuronas en crecimiento.

«La adolescencia del cerebro»
María José Mas- Neuropediatra, 2016.
www.neuropediatria.org

El centro de atención en el cerebro adolescente es la parte que recibe placer. La gratificación juega un rol principal y nubla el espacio que razona, detiene, reflexiona y mide consecuencias. De igual manera los adolescentes tienen un mayor reto para procesar las experiencias que emocionalmente los sacuden, ya que, el área encargada de procesar, integrar, analizar y resolver estas situaciones, se encuentra «en construcción» o en desarrollo. Si recuerdan algún evento escucharemos que lo hacen de manera escandalosa porque la memoria, consciencia, capacidad de reflexión y auto-observación, no están presentes. Por esa razón no debemos esperar que midan, regulen y expresen de manera equilibrada sus experiencias con contenido emocional. Hemos observado que su cerebro en esta etapa no ayuda. Más adelante se presentan estrategias que sí te podrán ayudar.

Otro dato que me parece importante mencionar aquí es la diferencia que existe en el desarrollo por género. La mayoría de los cerebros de las mujeres les permite comunicarse mejor y de manera más fluida en una edad más temprana. Igualmente desarrollan antes habilidades de organización en sus trabajos y en el establecimiento de metas. A la mayoría de los hombres se les facilitan más las actividades de precisión viso-motriz gruesa por lo que pueden ser más hábiles en ciertas actividades físicas o que incluyan la integración de la vista y oído. Los hombres van unos 2 o 3 años por debajo en su proceso de madurez socio-emocional en comparación a las mujeres. Esto simplemente nos muestra que los tiempos para cada uno, según el género, son distintos. Saberlo, nos ayudará a aprender a manejar expectativas más reales con nuestro hijo o hija. Te recuerdo que las estadísticas no hablan de lo individual, por lo que podemos tener en casa a un adolescente hombre con esa área madura también, aunque sea menos probable.

También observamos que el cerebro de los adolescentes está en su pico de aprendizaje por lo que es una etapa en la que, lo que se aprende, se queda de manera más profunda, a más largo plazo, y con la capacidad de que el IQ aumente. Esto no se refiere únicamente al aprendizaje académico sino al socio-emocional también. Así que, como padres, aprovechar esta etapa para comunicarnos mejor, conocer mejor el manejo de nuestras propias emociones y habilidades de resolución de conflictos puede permitirles a nuestros adolescentes adquirir estas estrategias para el resto de su vida.

Por favor que esto no te lleve a pensar que entonces lo adecuado es inscribirlos a muchas actividades para que se aproveche esta etapa, porque el resultado será una especie de saturación y bloqueo. Es mejor observar sus habilidades y aptitudes para que se enfoquen en aquello para lo que son buenos y recordar que será mejor una cosa a la vez. Ya que, lo que también nos dice su cerebro, es que ser «multitask» o multitareas no es lo que se da a esta edad.

Si tomamos en cuenta estos datos, podemos concluir que igualmente podrán aprender a tocar un instrumento, manejar, patinar, tejer o esquiar, que fumar o consumir alguna substancia que los haga cambiar de estado de animo de manera inmediata. Los circuitos aprenden de la misma manera, sea la actividad o conducta que estén haciendo, por lo que estar cerca para guiarlos y ser la voz que los invita a la reflexión cuando ellos no lo hacen, es papel indispensable para los padres. Las conductas que hagan suyas de manera consistente en esta etapa y la manera en que las aprendan a manejar, tienen una alta probabilidad de quedarse con ellos, ya sea que sumen y enriquezcan su vida —como el deporte, la convivencia familiar o social— o que le resten y la perjudiquen, —como el estrés, la ansiedad, el alcohol o las drogas—.

Es recomendable la actividad física, algo que disfruten, tiempo para socializar, pero también para estar en su cuarto en paz, así como espacios que disfruten en familia, no por obligación, sino porque aprecian la compañía. Así que, hay que conocerlos y observarlos para saber qué actividades disfrutan hacer con nosotros. Si sus cerebros aprenden que conversar con nosotros ayuda a la reflexión y a la calma, será un aprendizaje que habrá quedado grabado.

Cerebro adulto

Lo ideal es que, cuando nos convertimos en padres, nuestro cerebro esté listo para funcionar con todos sus recursos de manera óptima. Sin embargo, las situaciones que nos han dejado huellas emocionales o traumas, a veces nos impiden relacionarnos de la manera ideal desde nuestro propio espacio de madurez, ya que justo estas huellas interfirieron con nuestro desarrollo.

Muchos padres y madres cargamos con ciertas carencias, problemas de autoestima, y puntos ciegos que no nos permiten criar a nuestros hijos o hijas de manera atinada, con ese balance entre límites, aceptación, responsabilidad y amor incondicional. Es a través de nuestras expectativas que los miramos, les exigimos y los forzamos a convertirse en el ideal que muchas veces nosotros no logramos. Y en este «forzarlos y formarlos» nos quedamos viendo únicamente la disciplina, faltándonos la parte más importante que es que se sientan amados, aceptados y reconocidos. Si la relación con tus padres fue conflictiva y dolorosa es muy probable que se detonen esas mismas huellas con tus hijos adolescentes.

Hasta aquí, toda esta información nos lleva a entender la difícil tarea de ser padres de adolescentes, ya que en esta etapa se pone a prueba el amor, la aceptación, y el reconocimiento, pues cuando vienen los errores graves, y las conductas de riesgo se nos olvida comunicarnos desde el amor.

Por todo esto, te invito a tomar el liderazgo para enseñar a través del ejemplo, de la motivación y del aprendizaje, usando un buen vínculo y tu relación como ese espacio en el que debemos de trabajar para que la interacción con tus adolescentes se sienta cómoda y agradable. Esto es tomando en cuenta las condiciones biológicas en las que se encuentran por las hormonas, las emociones, la crisis de identidad y el cuestionamiento que llega como parte de la edad. Esto juega en contra de lo que esperamos que suceda con ellos, y ese es justo el reto al que nos enfrentamos como padres. Busquemos que no te ganen los momentos difíciles y que el amor esté siempre por encima de los problemas y las malas decisiones.

Esta información no es para que quieras tirar la toalla ni para conformarte y esperar que la madurez les llegue sola. Esta información te pide que participes de manera activa para ayudarlos a pensar y a ser reflexivos, para aprender de sus errores, y puedan anticiparse y discernir, hasta que sus cerebros estén listos y lo puedan hacer solos, sin nuestra ayuda.

Te pido que en este punto reconozcas —solo para ti— si tus reacciones, forma de regañar y corregir a tus hijos e hijas los ha hecho sentirse lastimados, lastimadas. Si ha pasado en varias ocasiones, puede ser que tus reacciones hayan sido provocadas por un estilo parental basado en el miedo, en los juicios, obediencia, control impositivo y autoritario. Esto describe la manera en la que tu comunicación funciona, de manera reactiva en lugar de basada en tus valores.

Si descubres esto, se abre frente a ti la oportunidad de trabajar con tu propia Inteligencia Emocional, ya que las vías de calma, la reflexión y la razón pueden estar obstaculizadas por una respuesta automática que aprendiste en la infancia.

Resumiendo:

En esta etapa todo se siente y se vive con mayor intensidad por la sobreestimación del sistema de las emociones (sistema Límbico) y el efecto de las hormonas que estimulan también el área emocional. No hay un freno de mano ni una reflexión adecuada para manejar tanta emoción y riesgo.

El adolescente responde de manera pobre y no tiene los recursos de un cerebro maduro para lidiar con la ansiedad.

Conociendo la etapa del adolescente. Qué pasa con sus emociones y necesidades

Desde hace 25 años que llevo trabajando con adolescentes, he podido ver la diferencia que se genera en un adolescente —que no ha tenido ninguna situación de trauma por alguna operación, caída, accidente, u hospitalización— en dónde los padres se encuentran presentes en su vida. Lo que se observa es, individuos con mayor seguridad emocional, que pueden estar contentos pasando tiempo en su casa, con mayor nivel de compromiso y responsabilidad en sus estudios y entregas de trabajos, cumplimiento de horarios y buenas conductas con adultos como profesores, entrenadores o figuras de autoridad.

También se observa que, en la inteligencia intrapersonal (desarrollo interior con uno mismo), hay mayor capacidad de resiliencia, fortalezas en su carácter, claridad y congruencia en sus valores. Y, por otro lado, en el sentido interpersonal (con otros, en sus relaciones con el exterior), eligen relaciones y ambientes más sanos física, psicológica, mental y emocionalmente hablando.

Susan McHale, profesora de desarrollo humano y directora del «Social Science Research Institute at Penn State», comparte que sus hallazgos en los estudios de adolescencia muestran la necesidad de los adolescentes de pasar tempo de calidad con sus padres y que, particularmente, el tiempo con la figura paterna tiene implicaciones muy importantes en el desarrollo psicológico y social del adolescente.

Puedes leer el estudio *Time with parents is important for teens' well-being* en:

www.sciencedaily.com/releases/2012/08/120821143907.htm

John Shipp, especialista en adolescencia, también señala la gran importancia de pasar tiempo con los hijos y hace hincapié en que, a través de los años, se topa con la misma queja de la gran mayoría de adolescentes con los que trabaja: comparten que les afecta mucho no pasar tiempo de *CALIDAD* con sus padres.

Es también notorio que las huellas de mayor dolor en esa edad, están ligadas a situaciones en donde la falta de presencia y conexión con sus padres los lleva a sentirse solos, incomprendidos y faltos de cariño, de pertenencia y de aceptación, siendo esta la razón por la que la gran mayoría prefiere y elige a sus pares con quienes no se sienten juzgados.

Vamos a revisar, de manera breve, lo que podemos observar en cada edad y notaremos cómo nos necesitan y veremos la forma en que se pueden beneficiar de nuestro apoyo y compañía.

¿Qué es lo que más necesitan nuestros adolescentes?

- Apoyo de su familia, que se traduce en sentirse amados, aceptados y con la sensación de pertenecer a su grupo familiar.
- Fomentar apoyo social y conexión con su comunidad.
- Divertirse, expresarse, reconocer sus fortalezas.
- Límites y consecuencias lógicas y directas a sus conductas y elecciones.
- Reglas claras con efectos congruentes y atinados.
- Contacto visual y sonrisas.

Encontrar el balance en:

S Sueño que repara y descansa y **Sueños** que los mantengan motivados y con esperanza.

A Actividad física, **Amor**, **Abrazos**, **Aceptación**.

B Beber agua y estar hidratados, **Besos** y acciones que les traigan **Bienestar**.

E Emociones que se puedan **Expresar** y ser **Escuchadas**, desarrollar su **Espiritualidad**.

R Respirar de manera consciente, **Reconocer** que con su **Respiración Regresan** a su interior.

¿Qué necesitamos nosotros hacer para ellos?

- Ofrecer un espacio a la relación con ellos, para que, si cometen errores, sepan que ofreceremos una guía para poderlos reparar.
- Ser un espacio para el miedo, la incertidumbre, la tristeza, la ternura, la inseguridad, el estrés y la ansiedad. Aceptar y

validar todas las emociones incómodas que nos dejan vulnerables.

- Validar sus emociones, aunque desaprobemos la conducta.
- Tomar la responsabilidad y el compromiso de no dejarlos solos cuando menos ganas nos den de estar ahí.
- Permanecer cercanos cuando sus errores nos duelan, nos causen coraje y vergüenza.
- Elegir estar en las malas con actitud ecuánime para aprovechar el espacio de aprendizaje.
- Entender que su mundo está condicionado por ganarse «likes», aprobación por su físico, por su número de seguidores, desempeño deportivo, talento especial o interacciones exitosas en las redes sociales.
- Darles la certeza de que, por nuestro cariño, pertenencia y aceptación, no tienen que competir.
- Dejar tu rol de cuidador de niño pequeño, niña pequeña para convertirte en facilitador (más como la figura de un entrenador en el deporte o un director de teatro).
- Moverte del control y la sobreprotección a la independencia, toma de decisiones y responsabilidad.

A partir de los 11 años
(Algunos empiezan un poco antes).

- Vamos a comenzar a observar individuos que ocultan las emociones de fragilidad o las que los hacen sentir expuestos, quebradizos o vulnerables.
- Observan que son buenos o malos para algo, pero ponen mayor atención en sus carencias o en lo que les sale mal o no les sale que en lo positivo.

- Utilizan mentiras para ocultar aquello que les pueda atraer un regaño o castigo, o para evitar que queden expuestos sus sentimientos.
- Se les dificulta la toma de decisiones por estar buscando pertenecer al grupo.
- Les interesa hablar de sus ideas, de cómo se sienten y de sus creencias acerca de lo que pasa con sus pares y personajes admirados como artistas, *influencers*, cantantes, *bloggers*, etcétera.
- Comienzan a usar frases como las de sus pares, usando el mismo tono y gesticulación.
- Distinguen quién lidera el grupo, quién es popular y quién tiene elementos sociales que dan atributos de poder o de liderazgo.
- Comienzan a hacerse conscientes de su apariencia física y buscan referencias de belleza en las redes sociales.

Entre los 12 y 14 años

Aumentan los puntos anteriores y se agregan otros como los siguientes:

- Su lenguaje incluye mayor cantidad de groserías o palabras altisonantes.
- Se hacen más conscientes del sentido de atracción por alguien más.
- Aparece gran curiosidad por la sexualidad y por conocer las clasificaciones de la orientación y diversidad sexual.
- Sienten mayor interés por la cercanía física entre las personas por las cuales se sienten atraídas.

- Detonan una falta de organización en su tiempo. No son atinados calculando cuánto tiempo llevan en una actividad que les gusta o está disfrutando.
- Entienden el doble sentido, usan el sarcasmo y se les dificulta la capacidad de ser empáticos cuando están absorbidos por alguna emoción propia.
- No miden el efecto de sus miradas por lo que suelen observar de manera fija y poco discreta a otros adolescentes, les gana la curiosidad y el morbo.
- Sobre reaccionan con todas las emociones y, particularmente, el aislamiento social puede afectarles haciéndoles sentir ansiedad y no estar a la altura de las expectativas.

Entre los 14 y los 15 años

- En los adolescentes entre los 14 a los 15 años vemos las mayores respuestas de impulsividad y de influencia de sus pares. Y nos encontramos las siguientes conductas:
- Son muy conscientes de la mirada de otros para la crítica o la aprobación.
- Importa muchísimo en ellos la opinión y el juicio de los adolescentes de mayores grados o edad y de aquellos a quienes ellos mismos les han dado el poder de ser una figura de peso como a los *influencers*, artistas, *tiktokers* o personajes del mundo virtual.
- Cuando eligen o creen algo lo van a respaldar con toda su fuerza.
- Discuten temas con mucha pasión y se sienten lastimados, lastimadas, cuando no se les escucha.

- Desarrollan un sentido de justicia y de lealtad profundo y, por lo mismo, cuando viven una traición de alguien cercano sienten que se puede acabar el mundo.
- Hay un gran deseo por gritarle al mundo su sentir. Y por lo mismo, hay focos rojos ya que aumenta el riesgo en el mal manejo de redes con expresiones, agresiones escritas, fotos íntimas compartidas, etcétera.
- Requieren de supervisión en redes sociales y en el consumo de alcohol y cigarro.
- Es en estas edades cuando más se destapan temas de autolesión, pornografía, ansiedad, ánimo bajo, primeras exploraciones con mayor intimidad sexual.
- Aumentan los temas de trastornos alimenticios y de mayor consciencia del cuerpo, de sus cambios y de los defectos que reconocen que tienen.
- Buscan estados de ánimo intensos, y las conversaciones acerca de sus sentimientos, opiniones y creencias aumentan en la intensidad y en la búsqueda de cambiar el punto de vista de otros.
- Comienzan a extender su horario de sueño a después de las 11:00 pm.
- Pueden intensificarse los sentimientos de inseguridad acerca de las capacidades o del aspecto físico.
- Aparece la búsqueda de confirmación acerca de su identidad y orientación sexual. Si hay dudas este será un momento de mayor exploración.

Nota: En este momento es muy importante hablar acerca de la influencia que tienen sus pares. Es indispensable estar cerca de ellos para escuchar las opiniones que tienen sobre temas como el aborto, la orientación e identidad sexual, el feminismo, la violencia, etc., ya que con eso nos podremos dar cuenta de cómo está funcionando su escala de valores y qué tanto están recibiendo influencia de su medio y/o amigos.

A partir de los 15 y entrados en los 16

- Se arriesgan con mayor facilidad, expresan sin tantos filtros sus enojos y pueden contradecir algo que antes no era un tema.
- Empezarán a experimentar con conductas que no habían demostrado antes como el alcohol, el cigarro, la exploración sexual en pareja.
- La vida social adquiere un significado que puede volverse su «tema de vida». Esperarán el viernes y el fin de semana para convertirse en un «party animal» y conocerse a través de lo que puedan hacer o en quién se pueden convertir en la fiesta.
- Sentirán mayor libertad para hacer preguntas acerca de su sexualidad entre pares y personas del sexo opuesto o de la misma orientación o identidad sexual.
- Será más fácil que rompan reglas.
- Buscarán la aprobación de sus pares más cercanos
- Serán más conscientes de buscar obtener miradas y comentarios de aprobación de sus cualidades.
- Serán también más conscientes acerca de los temas mundiales y de las malas decisiones que los adultos toman. Les resaltará la incongruencia
- Comienza un interés por las películas de miedo o terror y los temas sobrenaturales.
- Aumenta la búsqueda de elecciones que los reafirmen probando cosas nuevas como bailar sin pena, gritar o reír sin

miedo al ridículo, por lo mismo aumenta la probabilidad de que se brinquen reglas.

- Buscarán avanzar en sensaciones de placer e interacción sexual.
- Disfrutan compartir sus ideas con adultos que los escuchan y se especializarán en temas que les llamen la atención como pueden ser los deportes, la política, el maquillaje, el feminismo, la comunidad LGBT, etcétera.
- A los 16 años hay un aumento en la expresión de su sexualidad.
- Un 40%, ha tenido alguno de estos: encuentros de faje, relaciones coitales o sexo oral. Y quien no lo ha hecho, tiene conversaciones en las que comparte sus puntos de vista acerca de este tema.
- Existe mayor probabilidad de expresar en su grupo su orientación sexual.
- Aumentan las relaciones en las que se actúa con mayor compromiso y estabilidad.
- A partir de los 16 las cifras hablan de un aumento en el riesgo de abuso o violación. Es una edad en la que se reciben ya más reportes.

Entre los 16 y 17 años

- Aquí se comienza por conectar con los ideales y el sentido de vida.
- Se interesan en temas como la humanidad, las injusticias, el control, la independencia, la libertad y los movimientos sociales o líderes que están en la búsqueda de cambiar al mundo.

- Se reconocen las fortalezas y debilidades y se sostienen con sus valores, puntos de vista y creencias acerca de cómo deben de ser las cosas en su casa, colegio y comunidad.
- Pueden predicar con sus valores corrigiendo a otros y pueden no ver sus propios puntos ciegos. (*Aquí hay que corregir con cuidado sin juzgar, sino señalando que lo que se observa va en contra de los valores y creencias que han compartido previamente*).
- Aumenta su necesidad de estar solos con ellos mismos, sus pensamientos, sueños e intereses.
- Se perciben llenos de cosas qué hacer y, «ayudar a sus amigos que están en crisis», se vuelve una prioridad. Las crisis de los amigos principalmente son con temas de problemas familiares, noviazgo, pintadas de cuerno (infidelidad), situaciones ligadas a la sexualidad, miedo al embarazo, salidas del closet, autolesiones o ideas suicidas.
- Se enfrentan a la realidad de su familia y pasan por cuestionar, sorprenderse, enojarse o quedar lastimados por descubrir el lado real e imperfecto de los padres y abuelos. Se destapan los problemas de alimentación, ansiedad y autolesión si no habían salido antes.
- Les falta organización y límites con todo lo que quieren abarcar, y pueden tener un manejo torpe del tiempo.
- Más cerca de los 17 comienzan a elegir la honestidad sobre la mentira o el ocultar información.
- Sus opiniones contienen mayor *insight* o consciencia, así como mayor visión, sin embargo, todavía les cuesta trabajo tomar decisiones que incluyan la certeza de no afectar su propio futuro.
- En ocasiones se sorprenden ellos mismos por reconocer su potencial y sus habilidades.

- Son más conscientes de su autoestima y de su salud mental-emocional

Entre los 17 y 18 años

- Están acercándose a la salida rumbo a la Universidad.
- Podemos notar la preocupación por enfrentarse a una decisión que afectará su vida para siempre. Comienzan a sentir temor a la responsabilidad y a tener una probada del mundo de los adultos en el tema de elecciones y responsabilidad.
- Si no saben qué les gusta, y para qué son buenos, pueden comenzar a experimentar angustia o ansiedad. (*Nuestro papel principal de padres es darles confianza y señalar con una DESCRIPCIÓN —esta herramienta la encontrarás más adelante—, las fortalezas, las opciones reales y las habilidades que observamos en ellos o, llevarlos con alguien que los ayude a orientarse. Casi todos los colegios tienen a alguien que puede ayudar en este proceso*).
- Tendrán inquietudes y dudas acerca de las carreras y universidades, conversar acerca de estos temas contigo o con gente cercana los puede ayudar a calmar su ansiedad y a decidir mejor.
- Actúan con mayor independencia y autonomía en sus decisiones y en su manejo personal.
- Se observan más cómodos con otros adultos y pueden mostrar mayor autorregulación en conversaciones en las que ya no se exaltan con tanta facilidad.
- Pueden pasar mayor tiempo con su pareja si ya se encuentran en una relación estable.

- La mayoría, arriba del 60 %, reporta ser sexualmente activo.
- Pueden ser intensos con los temas que les conciernen y vivirlos con mayor intensidad que los adultos que estamos cerca.
- Tiene mayor capacidad de respuesta ante una crisis y pueden mostrar su capacidad de cuidar a otros.
- Valoran más ser fieles a sus valores y creencias y reconocer que las respetan a pesar de que esto signifique perder una relación.
- Para esta edad ya han observado que hay un área en la que son buenos y en la que podrían apoyarse para desarrollarse profesionalmente.
- A partir de los 17 algunos muestran la inquietud de generar recursos y comenzar el camino de su independencia económica.

Al leer las descripciones de cómo se presentan en cada etapa, no suena sencillo nuestra labor. Sin embargo, si ellos están cambiando, nosotros también lo podemos hacer, desarrollando mejores habilidades que nos sirvan para nuestra vida y nuestras relaciones; así como para ser ejemplo de nuestros adolescentes.

A pesar de lo difícil que pueda parecer esta etapa, la decisión de ser un adulto que influya de manera positiva y en consciencia en la formación de los adolescentes, cambia la vida de manera profunda cuando escuchas un ¡GRACIAS!, o cuando observas que tu compañía, tu acompañamiento, tu ejemplo y tus conversaciones, sumaron en la transformación de una vida. La de tu hijo, la de tu hija.

A continuación, te comparto extractos de dos cartas que recibí de quienes en algunos colegios se podrían denominar «adolescentes problema» y que, apoyada en todas las herramientas que te comparto en este libro, logré navegar con ellos la complicada adolescencia para llegar a buen puerto con una mejor versión de ellos mismos.

Cathy, es 20 de Junio, mañana es nuestra entrega de diplomas, y yo no pudo dormir pensando en lo rápido que ha pasado el tiempo y en todo lo que he vivido en mi escuela, y de cuánto lo valoro. Ante todo, no puedo creer la suerte que he tenido por haberte conocido, tú marcaste una diferencia en mi vida y siempre te voy a recordar. No creo que mucha gente tenga ese don que tú tienes de generar tantas cosas positivas en los demás y de sacar lo mejor que tenemos dentro y retarnos a demostrarlo y así a hacernos mejores personas. Eso me paso a mí, gracias a ti conocí mi mejor versión y sin dejar mi esencia, con la forma de ser que tengo de disfrutar demasiado las cosas y de ser tan intenso pero con esa misma intesidad, usarla para salir adelante en todos los problemas que he tenido, siempre respetándome y reflexionando sobre lo que hacia.

Saber que contaba contigo y con tu consejo, siempre me hizo sentir muy fuerte y muy seguro de mi mismo. Quiero que sepas que te quiero muchísimo, que te admiro y que espero la oportunidad de un día devolverte todo lo que hiciste por mí, de verdad Cathy mil gracias.

Te quiero como a poca gente, te voy a extrañar, aunque no dudo que lo que necesite vas a estar ahí, así como yo para ti toda la vida.

Iker

Alumna muy querida con personalidad líder, rebelde, que visitaba de manera frecuente la dirección.

Hola, buenas tardes. Estaba pensando en ti demasiado, recordando muchas cosas hoy en la mañana cuando desperté, soñé contigo, Y no pude no escribirte. Quería decirte que estoy muy agradecida contigo, realmente el tiempo pasa y me marcaste como persona, es increíble para mí pensar en la importancia que puede tener una persona para marcarte la vida. Gracias por haberme dado la oportunidad de conocerte.
Me enseñaste cosas que nadie lo iba a hacer.
Buen día y te quiero.

Los adultos significativos que tuvimos a nuestro lado en nuestra adolescencia marcan nuestras vidas. En el siguiente capítulo comenzaremos a revisar las estrategias para que te conviertas en uno de ellos porque a veces, con el amor no basta. Hay que tener la habilidad de comunicarlo con asertividad y aprovechar los estudios e investigaciones acerca de las relaciones, de la comunicación, de la resiliencia, de los límites y de la ciencia de la felicidad y la compasión, para lograr que esa transformación nos toque a todos los adultos con adolescentes. Este capítulo expuso una perspectiva del cerebro en los adolescentes. Quiero agregar que la personalidad, que incluye el carácter, actitud, educación, el deseo de actuar y ser alguien con valores, juega un papel muy importante en el proceso de madurez del ser humano. Los valores y espiritualidad que enseñamos, pueden hacer una diferencia grande en la toma de decisiones de nuestros adolescentes por lo que son dos áreas que te invito a tener presentes en tu ejemplo y relación en todo momento.

HERRAMIENTAS

2

Auto-regulación

Al educar,
lo hacemos más con el ejemplo,
que con el discurso.

Rodrigo, un chavo de 17 años y su papá, llegaron al consultorio porque a Rodrigo lo reportaron de su escuela con habilidades sociales bajas que lo estaban llevando a sentir un poco de rechazo en su grupo de pares.

Platiqué primero con Rodrigo y me compartió que no entendía por qué pasaba esto. Cuando les compartí que del colegio me informaron que había algunos comentarios de sus compañeras diciendo que era lindo, pero que decía cosas muy inadecuadas o a veces actuaba sin filtros, su papá comenzó a enojarse.

El papá de Rodrigo estaba enterándose apenas que le gustaba una niña y que la manera en la que interactuaba con ella, era brusca. Además, le decía cosas que la incomodaban.

Su papá le preguntó por qué no le había compartido nada de esta niña y Rodrigo no contestó nada, solo lo miraba y subía los hombros. En ese momento su papá comenzó a levantar la voz diciendo que no era posible que no le contara sus cosas. En menos de un minuto, comenzó a gritarle: *Tienes que confiar en mí, yo soy tu papá; ¿qué no te das cuenta? ¡Te tienes que acercar a mí para decirme las cosas!,* manoteando en el descansabrazos del sillón, con los ojos muy abiertos y una clara desesperación en su rostro… *¡¡¡Cuántas veces te lo voy a repetir!!! CONFÍA en mí. ¿Luego por qué actúas con torpeza?, ¡¡¡por qué no te acercas conmigo para que te diga qué hacer!!!*

Cuando observaba está escena no sé quién me daba más ternura y compasión, si el papá que con gritos y regaños le decía a su hijo que confiara en él, o el hijo que con la cabeza agachada y la mirada de lado veía de reojo a su padre confundido, avergonzado y enojado con su respuesta y por la poca habilidad para comunicar cercanía y confianza con él.

La torpeza en las relaciones de Rodrigo venía justo, del ejemplo que su papá le daba con su comunicación poco clara, sin rasgos de amabilidad ni de empatía. El papá de Rodrigo no tenía la capacidad de mirarse de la manera en que Rodrigo y yo observábamos las palabras salir de su boca. Invitando desde el enojo a su hijo para que confiara en él. Sin darse cuenta que justo un espacio de confianza se gana a través de la seguridad emocional, de la contención, de sentirte cercano y seguro con el otro.

Justo el papá de Rodrigo estaba haciendo todo lo contrario. Estaba más enfocado en corregir y en señalar lo que estaba mal en su hijo, en lugar de acercarse a él de manera más cálida. Buscaba acercarlo y no podía reconocer que lo que hacía realmente era alejarlo.

Muchos de nosotros somos reflejo de este mismo ejemplo, les pedimos hacer algo que nosotros mismos no somos capaces de dar.

Partiendo de esta base en la que nuestros hijos e hijas nos observan, nos aprenden y nos analizan, veremos que, la mejor manera de enseñar, es a través del ejemplo.

En este capítulo vamos a prepararnos para el examen más difícil de todos los que iremos revisando, la auto-regulación o auto-control.

¿Por qué es importante empezar con esta herramienta?

Vamos a tomar los estudios acerca del aprendizaje, de la neurociencia (del cerebro, la conducta y las emociones), así como de los rasgos que tiene un buen líder. Todos estos nos llevan a entender que, cuando la cabeza de un grupo esta equilibrada, inspira a través de su ejemplo, genera compromiso con su equipo para enfocarse en un fin común o, como quien dice, hace que se pongan la camiseta por el proyecto, y en este, no nos podemos equivocar.

Además de haber probado estas herramientas por más de 25 años con adolescentes rebeldes, enojados, que mentían, resentidos con los adultos pero que lograban reflexionar y mostrar su mejor versión cuando los invitaba a través de mi propio ejemplo, así mismo lo comprobé con todos los padres y maestros que utilizaban estas estrategias. Comprobando lo que señala la teoría pero que lo demuestran los años de práctica.

Si actuamos siendo las personas en las que
queremos que nuestros hijos se conviertan,
aumentamos las probabilidades de que lo aprendan y lo sean.

Con esto, además le hacemos un favor a la sociedad porque trabajamos en dos niveles, en nuestra generación y en la de nuestros hijos e hijas. La manera más fácil de cambiar a nuestra familia, es empezar el trabajo por nosotros mismos. Partimos de la base que el trabajo con auto-regulación nos invita a transformarnos con un acto de conciencia basado en valores y actitudes como el amor incondicional, la responsabilidad, el respeto, el equilibrio, la integridad, la valentía y el coraje, la aceptación, la tolerancia, la eficiencia, así como la paciencia, el compromiso y la independencia.

Te voy a dar un ejemplo para dejarlo más claro.

Cuando estás desesperado, frustrado, cansado, y observas que uno de tus hijos o de tus hijas está cometiendo un error o teniendo una conducta inadecuada, ¿cómo reaccionas? Imagina tu versión impaciente, enojada y desesperada. Trae esa imagen a tu mente y observa con curiosidad ¿qué ves? Recuerda la última vez que le llamaste la atención a uno de tus hijos, a una de tus hijas con un grito, golpe, castigo o amenaza. Contéstate:

¿Cómo es tu expresión facial?

¿Qué palabras o frases expresaste?

¿Qué tono de voz utilizaste?

¿Transmitiste el mensaje de aprendizaje y reflexión que la situación ameritaba?

¿Lo hiciste desde la versión que te prometiste ser cuando te convertías en mamá o papá?

¿O tus regaños y gritos se parecen más a lo que escuchabas de chico?

Esta versión, ¿está alineada a tus valores? O te estás escuchando decir, —No, pero me lo pidieron a gritos mis hijos—.

Guarda esta imagen de ti y date cuenta que esta es la enseñanza que le estás dejando a tu hijo, a tu hija.

El aprendizaje que ellos asimilan les dice así: *Cuando te frustres, estés desesperado/a, enojada/o, furiosa/o, cansado/a, sin paciencia, actúa así como yo lo estoy haciendo.*

Por lo tanto, tus hijos empezarán a grabar este automático para corregir a otros, para contestar y reaccionar cuando estén en esta misma condición emocional.

La mayoría de los padres de hoy en día, venimos de un modelo de educación basada en el miedo, en el control y en el querer cambiar al otro a través de la imposición. Nuestros abuelos educaron a nuestros padres con castigos y amenazas, creyendo que, si te duele, vas a aprender. Esto se transmitió y se volvió el automático de las generaciones anteriores.

Si analizamos este tipo de enseñanza, lo que observamos es que nos aleja del espacio más valioso con nuestros hijos, qué es la cercanía afectiva y la conexión.

Para que logremos ser esa versión que nos prometimos y que seguramente está más alineada con nuestros valores, es necesario trabajar con esta herramienta para hacernos responsables de nuestra auto-regulación. Vamos a partir de la definición que revisamos anteriormente de RESPONSABILIDAD: *Hay que saber y hay que querer hacerlo.*

Lo primero que te voy a dar es el motivo para que lo quieras hacer y después veremos los pasos para llevarlo a cabo.

Cuando nosotros modelamos auto-regulación estamos eligiendo enseñar los siguientes valores y actitudes:

- Respetar en lugar de amenazar (respeto, amor, compromiso, paz).
- Reflexionar y pensar en lugar de imponer (respeto, responsabilidad, equilibrio, independencia, valentía y coraje, paciencia, colaboración, empatía, paz).
- Hablar desde el amor en lugar de mover a nuestros hijos a través del miedo (respeto, amor, integridad, compromiso, eficacia).
- Apoyarnos en la confianza porque después de reflexionar con ellos vamos a transmitirles que estamos confiados en que van a elegir lo correcto (independencia, paciencia, responsabilidad, confianza, colaboración).

- Buscar que las funciones del cerebro para el aprendizaje trabajen de manera óptima (eficiencia, aprendizaje, responsabilidad, independencia).
- Enseñar las habilidades de resolución de conflictos (confianza, respeto, paz, tolerancia, justicia, eficiencia, integridad, amor, independencia y autonomía).
- Modelar un cambio de perspectiva a través de la empatía (amor, comprensión, responsabilidad, respeto, tolerancia, aceptación).

Así que te podrás dar cuenta cómo, con tu ejemplo, estás enseñando actitudes y valores que, si todos los padres de familia trabajáramos con nuestros hijos e hijas, contribuiríamos a una mejor sociedad.

Espero que hayas encontrado varios motivos por los cuales elegir utilizar esta primera herramienta. Si te faltó un elemento más para estar 100 % convencida, 100 % convencido, este último probablemente haga la diferencia.

Daniel Goleman, especialista en Inteligencia Emocional, ha trabajo con líderes de diferentes organizaciones a nivel mundial y a lo largo de su trabajo, ha concluido que un buen líder es aquel que logra persuadir a los miembros de su equipo para lograr una meta en común. Como mamás y papás esto es justo lo que buscamos, particularmente en la adolescencia.

- A través de inspirar a nuestro equipo (hijos e hijas) lograr que nuestra meta en común sea la madurez, la toma de decisiones que incluya que estén sanos, divertidos, y plenos.

Para convertirnos en ese buen líder de nuestra familia, tenemos como primer paso, que trabajar con las áreas que están ligadas a nuestro autoconocimiento, consciencia y manejo de nuestras emociones. Si hacemos esto después podremos replicar el proceso con el otro (nuestro hijo, nuestra hija) y en un tercer momento, con nuestra comunidad. Si nos volvemos expertos en manejar nuestras acciones estaremos dando el mejor ejemplo de responsabilidad que nuestros hijos puedan llegar a tener.

Si partimos de los datos que ya conocemos acerca de la condición de su cerebro, sabemos que, aprovechando las condiciones óptimas para aprender, tendrá un ejemplo diario del perfil en el cual todos en la familia buscamos convertirnos.

Ahora sí, estoy segura que no faltan argumentos para que veas lo valioso del trabajo con la herramienta que vamos a empezar a trabajar.

El primer paso a seguir es observar los distintos universos que nos conforman como seres humanos: el físico, el mental, el emocional y el espiritual. Para conocer el ejemplo que estamos dando a nuestros hijos vamos a revisar primero qué sucede internamente con nosotros y nuestras emociones.

¿Por qué empezar con esta área? Porque al entender que las emociones se mueven en dos direcciones: internamente (pensamientos) y hacia el exterior (conductas), nos daremos cuenta de la interpretación y el aprendizaje que tenemos acerca de nuestros estados emocionales y, por ende, veremos cuál es la manera en la que reaccionamos. Esto nos llevará a entender qué sucede con las conductas de nuestros hijos e hijas.

Lo más básico para trabajar con la auto-regulación es conocer las emociones y saber qué tan familiarizados estamos para nombrarlas e identificarlas. Es muy probable que aquí puedas toparte con una condición que no imaginabas que tenías. Ser una persona que vive en la mono-emoción, uso el enojo para todo... Esto generalmente pasa más a quienes actuamos en la energía masculina, ya que culturalmente las emociones como la tristeza, la vulnerabilidad, el miedo, etc., nos hacen sentir fragilidad; y culturalmente hemos aprendido a rechazar esos estados de ánimo para evitar sentirnos incómodos. Por esta razón es importante conocer cómo siento las diferentes emociones en mi cuerpo, que es el espacio en donde se expresa cada una de ellas.

Una idea básica para que esta herramienta funcione es que debo permitirme experimentar todas y cada una de las emociones. Si para este punto estás empezando a sentir incomodidad, te comparto que estudios de varias universidades, incluida la Universidad de Harvard, han compartido que una emoción tarda aproximadamente de 90 segundos a 3 minutos para expresarse en el cuerpo en su totalidad y después comenzar a diluirse o a desaparecer de nuestro sistema. Esto es siempre y cuando, le permitamos expresarse y estemos atentos a sentir con atención y a percibir con qué sensaciones se expresa.

Para lograr esta práctica lo importante es no alimentar los pensamientos, ideas o creencias acerca de lo que sucede, para que no crezca o se prolongue la emoción. Hay que entender que las emociones son fragmentos de energía que aparecen para traernos un mensaje acerca de lo que sucede. Lo que tenemos que hacer para reconocer su utilidad, es descifrar el mensaje. Siempre se aparecen para ayudarnos, a veces de manera torpe, pero si logramos entender su lenguaje, podremos utilizarlas siempre a nuestro favor. Para que esto te haga sentido, vamos a dividir el trabajo por partes. Empecemos por identificarlas, diferenciarlas y nombrarlas como primer ejercicio.

A continuación, te vas a topar con una lista de emociones. Te voy a pedir que te tomes tu tiempo para que practiques anotando de qué manera se expresan en tu cuerpo. Voy a hacer un par de ejemplos con 3 emociones para que tengas una idea de lo que debes hacer.

TEMOR	SORPRESA	ALEGRÍA	ENOJO	VERGÜENZA	DOLOR	TRISTEZA	CURIOSIDAD	ASCO
MIEDO	EMOCIONADO	AGRADECIDO	RABIA	INCÓMODO/A	DESILUSIONADO/A	SOLITARIO/A	INTRIGADO/A	DESAGRADO
INSEGURIDAD	ANSIOSO	EN PAZ	CELOS	EXPUESTO	DESALENTADO/A	DESCONSOLADO/A	DUDOSO/A	RECHAZO
RECHAZO	FELICIDAD	AMOR	INSEGURIDAD	RIDICULIZADO	ABATIDO/A	DISTANTE	NERVIOS	DISTANTE
TERROR	CONFUNDIDO	CARIÑO	ENFADADO/A	DISCRIMINADO/A	RECHAZO	DESESPERACIÓN	ENVALENTONADO/A	REPULSIÓN
ANSIEDAD	ASOMBRO	TERNURA	MOLESTO/A	AVERGONZADO/A	CONTRAÍDO/A	DESESPERANZA	IMPACIENTE	AVERSIÓN
ESTRÉS	SORPRENDIDO	CONFIANZA	HOSTIL	JUZGADO/A	EXHAUSTO/A	ABRUMADO/A	INOCENCIA	NÁUSEA
ANGUSTIA	DESILUSIÓN	CONTENTO	IRRITABLE	DESCONFIANZA	AGOTADO/A	DESILUSIÓN	FLEXIBLE	REPUGNAR
HERIDO	LIBERTAD	ESPERANZADO	FURIA	HUMILLACIÓN	DESCONECTADO/A	DISCRIMINADO/A	CAUTIVADO	ABOMINAR
SUMISO	CONSTERNACIÓN	PASIÓN	DISTANTE	CULPA	MISERABLE	LETARGO	ESPERANZADO/A	FASTIDIAR
ASUSTADO/A	EFUSIVO	ACEPTACIÓN	ODIO	VULNERABLE	EN AGONÍA	INDIFERENTE	LIBERADO/A	
DUDA	JUBILOSO	INTIMO	ENVIDIA	CRÍTICO/A	DESAPEGO	DISTANTE	ABIERTO/A	
INADECUADO/A	ENTRETENIDO/A	JUGUETÓN	RESENTIMIENTO	DESAPROBACIÓN	DESOLADO/A	VACÍO	EXPECTANTE	
INSIGNIFICANTE	IMPRESIONADO/A	OPTIMISTA	ENÉRGICO	DECEPCIÓN	ARREPENTIMIENTO	DEPRESIÓN	INTERESADO	
PÁNICO	PERPLEJO/A	ORGULLOSO	AMENAZADO	INDIGNACIÓN	FRIALDAD	NOSTALGIA	ILUSIÓN	
TERROR	ATÓNITO/A	PRESENTE	DESQUICIADO	EVASIVO/A	DESCORAZONADO/A	ANHELO	ENCANTADO	
PAVOR	PASMADO/A	PODEROSO	AGRESIVO	SARCÁSTICO	AGOTADO/A	DESALENTADO/A	FASCINADO	
AZORADO/A	INQUIETUD	REALIZADO	FRUSTRADO	SENTENCIOSO	CANSADO	ABATIDO/a	OBSERVANTE	
ALARMADO/A	ALEGRÍA	RECEPTIVA	FIRME	ABORRECIDO	EXHAUSTO/A	MELACONLÍA	EMPÁTICO	
AMBIVALENTE	CAUTIVADO/A	RESPETADO	ENFURECIDO/A	REPUGNANTE	FATIGA	ANSIEDAD	IMPACIENTE	
APREHENSIVO/A	ENAMORADO	SENSIBLE	PROVOCADO/A	REBELADO/A	COMPASIVO	ABANDONO	PROVOCATIVO	
SOBRE PROTECCIÓN		VALIENTE	RETRAÍDO/A	DETESTABLE	DEVASTADO	ABURRIDO/A		
		ENCANTADO/A	SOSPECHOSO/A	AVERSIVO	CONMOVIDO	IGNORADO/A		
		CONSIDERADO/A	TENSIÓN	INDECISO/A		IMPOTENTE		
			AGOTADO/A	ATORMENTADO/A		VULNERABLE		
						INFERIORIDAD		
						APARTADO/A		
						APATÍA		
						CONTRAÍDO/A		
						DESOLADO		

La instrucción es describir las sensaciones físicas que percibes que aparecen o cambian en tu cuerpo cuando notas que empiezas a sentir una emoción.

Ejemplos

Emoción: Miedo.
Sensaciones físicas: Presión en el pecho, hueco en la garganta, abro los ojos, siento más el fluir de la sangre en las manos y más calor. Me aumenta la temperatura en la cabeza. Sudor en las manos y cabeza. Estómago revuelto. Mandíbula tensa, espalda tensa. Aumento la velocidad y volumen de mi voz. Siento los latidos del corazón más rápidos.

Emoción: Vergüenza.
Sensaciones físicas: Aumento de la temperatura en una zona de mi cuerpo. En otra zona se siente frío. La cara caliente, parte de los brazos y espalda fría. Tensión en la frente. Hombros se encogen, manos buscan cubrir mi cara. Las piernas se sienten con un calor helado y los pies me hormiguean. Deseo de salir corriendo o de hacerme bolita.

Emoción: Rechazo
Sensaciones físicas: Una presión de aire helado en el pecho, me pesa la cara, siento calor en el cuello y la zona de los hombros. La cara me aumenta de temperatura como si fuera a empezar a sudar, pero siento una sensación fría en la espalda y en la cara. La cabeza me pesa y siento ganas de bajar la mirada y de encorvar la espalda, como si quisiera desaparecer del lugar. Siento una sensación de un hoyo negro vacío que me estuviera devorando.

Espero que con estos ejemplos puedas empezar a reconocer cómo se manifiestan las emociones en el cuerpo.

A continuación están nombradas varias emociones para que coloques a su lado las sensaciones físicas que te provocan.

Puedes regresar a esta sección del libro para llenar tus sensaciones cada vez que quieras y sin duda, será muy recomendable volver aquí cuando presentes o vivas alguna de estas emociones.

Enojo
Sensaciones físicas:

_____

_____

Vergüenza
Sensaciones físicas:

_____

_____

Miedo
Sensaciones físicas:

_____

_____

Incertidumbre
Sensaciones físicas:

_____

_____

Tristeza

Sensaciones físicas:

_____

_____

Rechazo

Sensaciones físicas:

_____

_____

Impotencia

Sensaciones físicas:

_____

_____

Dolor

Sensaciones físicas:

_____

_____

Frustración

Sensaciones físicas:

_____

_____

Angustia

Sensaciones físicas:

_____

_____

Soledad

Sensaciones físicas:

_____

_____

Alegría

Sensaciones físicas:

_____

_____

Confianza

Sensaciones físicas:

_____

_____

Paz

Sensaciones físicas:

_____

_____

Una vez que empiezas a trabajar con el reconocimiento de las emociones, que las sabes nombrar y distinguir cada vez que se aparecen en tu cuerpo, pasaremos al siguiente paso que es entender el mensaje que nos traen.

Es importante que sepas que las emociones vienen en grupo, y muchas veces en unos segundos puedes sentir varias emociones a la vez y cambiar de un estado de ánimo a otro en muy poco tiempo. Por eso es tan importante saber reconocer qué nos sucede para darle coherencia a nuestro sentir y actuar.

El mensaje de las emociones

Este mensaje consta de dos partes. La primera está ligada a una instrucción y la segunda, está ligada a la parte que es valiosa para nosotros. Veamos, por ejemplo, lo que sucede con algunas de ellas:

Emoción: Miedo
Mensaje: Cuídate, protégete, se cauteloso.
¿Con qué? (lo valioso): Con tu vida, tu salud, tu relación.

Emoción: Tristeza
Mensaje: Ayuda, apoya, conéctate.
¿Con qué? Con la injusticia, la vulnerabilidad, la desprotección, el dolor.

Emoción: Enojo
Mensaje: Pon un límite, detén, para.
¿A qué? A la injusticia, a lo que lastima, a lo que invade.

Emoción: Agresión
Mensaje: Termina, destruye, acaba.
¿Con qué? Con lo que atenta con tu dignidad, lo que amenaza tu vida o tu seguridad.

Estos son ejemplos de lo que las emociones vienen a expresar. Sin embargo, para llegar a descifrarlas es necesario, primero que nada, entender y reconocer lo que interpretamos cuando sentimos las emociones derivadas de lo que sucede con nuestros adolescentes. Para dejar más claro lo que nos sucede y el origen real de las reacciones y el conflicto que tenemos como padres, vamos a revisar lo que sucede con las conductas que más nos molestan y que nos hacen perder el control.

El Problema no son las emociones,
sino la manera en la que las expresamos,
lo que hacemos con ellas.

Reconociendo tus detonantes

Revisemos las siguientes conductas que, en todos estos años que llevo trabajando con familias de adolescentes, escucho que detonan los enojos más fuertes en las mamás y los papás.

- Observar el cuarto tirado con la ropa en el piso, en el sillón o la silla, mezclada la sucia con la limpia.
- Encontrar platos y vasos sucios del día anterior, en la mesa, el piso o junto a la cama.
- Observar la toalla mojada y la ropa sucia en el piso.
- Escuchar que los hijos comparten, ríen y conversan con sus amigos y amigas y guardan silencio o usan monosílabas con nosotros.
- Observar que tienen amistades que «abusan» o influyen de manera negativa.
- Observar que han llorado o sufrido por una relación en donde ha habido engaño o traición y continúen prolongándola y perdonando.
- Que no se reporten o lleguen a tiempo.
- Que no entreguen sus trabajos a tiempo o incumplan.
- Que mientan.
- Qué salgan tomados de una fiesta.
- Encontrar un cigarro electrónico.
- Encontrar marihuana escondida en su cuarto.
- Descubrir que se gastó dinero que no era suyo sino tuyo.

- Descubrir un video o chat en donde comparte lenguaje obsceno o agresivo.
- Descubrir que mandó o solicitó una imagen de su cuerpo desnudo o semidesnudo.
- Que lastime, engañe o traicione al hijo o hija de una persona importante para ti.
- Que te llamen del colegio porque le faltó al respeto a alguien.
- Que te llamen del colegio por *mala conducta*…

Te voy a pedir que hagas la siguiente práctica. Vas a releer cada una de las anteriores situaciones y vas a escribir del 0 al 10 qué tanto te molesta, siendo el cero lo que no te molesta y el 10 lo que te molesta muchísimo. Una vez que las hayas clasificado, elige las que te molestan entre 7-10 y sepáralas. Eso significa que estas conductas te hacen perder el control fácilmente porque tienen una carga emocional importante para ti. Esta carga está ligada a tu historia familiar y a las voces de tus padres o personas encargadas de ti.

Reconocer lo que más te enfurece te permite limpiar la relación con tus hijos ya que, cuando nuestros hijos o hijas comenten errores no lo hacen por la razón que nos platicamos en nuestra cabeza, lo hacen por la inconsciencia e inmadurez de su cerebro que genera una falta de visión y de prever consecuencias. Lo que nosotros pensamos son ideas que están en nuestro sistema de creencias y, que la mayoría de las veces, no coincide con la realidad.

A continuación, vuelve a leer las frases, esta vez, haciendo una pausa en cada una, para que la imagines. Una vez que tengas clara esa visualización, te pido que tomes nota de lo que te dices en tu mente o los pensamientos que llegan a tu cabeza acerca de lo que está sucediendo. Observa porqué te enoja, enfurece o te molesta tanto esa situación y escribe en una hoja todo lo que piensas.

Ejemplo:

Qué mienta *De 0-10 me molesta 9.5*

Lo que escucho que me dicen mis pensamientos es: *Si me miente puede estar en situaciones de riesgo como drogas, vandalismo, embarazo, y nunca me va a decir. Va a escuchar consejos de alguien más y no se va a acercar a mí. Puede que se involucre en situaciones de riesgo como violencia o agresiones hacia otras personas y no me voy a enterar y la gente va a pensar que me va a ver la cara. Eso significa que no respeta mi autoridad. Se está burlando de mí y si lo permito, jamás me va a respetar. Tengo que castigarlo para que aprenda que a mí me tiene que decir la verdad porque soy su autoridad. La mentira quiere decir que no confía en mí, no puedo permitir que no exista la confianza porque eso es fallar.*

Como siguiente paso vamos a identificar las creencias que aparecen en el pensamiento que son las que provocan que el enojo crezca. Ahí está la razón por lo que reaccionamos con ira, furia, castigos o amenazas en contra de los hijos. Lee lo que escribiste en cada una de las situaciones y, de eso que escribiste, subraya y después anota las ideas que te hacen enojar.

Ejemplo:

Va a probar las drogas.

Se burla de mí.

No me respeta.

Prefiere a sus amigos.

Hace lo que quiere sin tomarme en cuenta (me siento invisible, descalificada).

No hay confianza.

Hay dos cosas que podemos notar aquí.

La primera es que la mayoría de las veces, lo que pensamos <u>**NO HA PASADO, NO ESTÁ PASANDO.**</u>

La segunda es que cada vez que reaccionamos, se activa el área de nuestro cerebro de las visualizaciones, esto quiere decir que nuestro cuerpo responde a nivel fisiológico para generar congruencia con lo que pensamos o imaginamos. Así que, en resumen, estás usando tu capacidad creativa para hacer que tu cuerpo sienta esa historia, la historia que está en tu mente y que genera que sientas los pensamientos como una realidad. Estas creando una realidad en tu cuerpo incómoda, dolorosa y trágica.

Los seres humanos funcionamos con aprendizajes previos para darle sentido a la realidad

Para aprender a ver la realidad como es, tenemos que aprender a observar y reconocer nuestros pensamientos y creencias, porque esos son los filtros que cada persona tenemos y es por esos filtros por lo que reaccionamos y por lo que a ciertas personas nos molestan cosas que a otros no.

La profesora en psicología y especialista en neurociencia, Lisa Feldman Barret, nos explica que —*las emociones son adivinanzas, predicciones, que el cerebro construye en el momento en donde miles de células trabajan en conjunto para darle sentido a lo que nos sucede. Con esto le damos sentido a la realidad*—. Las predicciones son los indicadores que nos hacen integrar y entender el mundo de manera inmediata. Lo que hacemos los seres humanos es a través de estas experiencias y conocimientos previos, ir interpretando lo que nos va sucediendo y reaccionar con sentimientos que van de acuerdo a esta interpretación.

Cuando observamos a nuestros hijos e hijas, leemos sus expresiones y predecimos lo que sienten y lo que sucede. Esto es, usamos el conocimiento y las experiencias previas para darle un significado que nos ayude a entender la realidad o lo que nos sucede.

Aquí un ejemplo, si observas estas imágenes ¿qué ves?

¿QUÉ OBSERVAS?

¿QUÉ OBSERVAS?

Ahora si le muestras a tu cerebro esta otra imagen que te enseña a reconocer lo que hay para que lo percibas, lo distingas y entonces reconozcas la figura, acabas de enseñar a tu cerebro a distinguir algo que antes no veías y que, sin embargo, ahí estaba.

¿QUÉ OBSERVAS AHORA?

¿QUÉ OBSERVAS AHORA?

Te recomiendo ver la plática de TEDex de Lisa Feldman Barrett para que escuches cómo se van formando las respuestas emocionales en los seres humanos.

Puedes encontrarla en:

https://www.ted.com/talks/lisa_feldman_barrett_you_aren_t_at_
the_mercy_of_your_emotions_your_brain_creates_
them?language=es

Todo esto nos ayuda a concluir que nuestros filtros mentales (experiencias previas y conocimiento), hacen que reaccionemos de acuerdo al escenario/predicción que sale de nuestra mente y, muchas veces, no es exactamente lo que está pasando.

Habiendo visto cómo interviene nuestra mente con los pensamientos y creencias, continuemos revisando cómo desarrollar esta habilidad de auto-regulación.

Vamos ahora a unir lo que siento, lo que pienso y la reacción que se genera en mi cuerpo como el primer paso. Esto es, hacerme consciente de lo mío, para que después sea la práctica que hagamos con los hijos.

Revisemos lo que nos sucede cuando nos topamos con las situaciones de la lista.

1. **Situación:** Observo tiradero.
2. **Interpretación:** No valora, no cuida las cosas, no sabe lo que cuestan, estoy educando a alguien desobligado, desobligada e inconsciente. Me enojo, grito y castigo la ropa y las salidas.
3. **Sentimiento:** Expreso enojo, coraje, frustración, a través de gritos, amenazas y castigos.
4. **Reacción** (cuando es del cerebro reptil) **o conducta:**

Reacción: *¡¡¡Qué te pasa!!! ¡¡No valoras nada de lo que hacemos!! ¡¡No puede ser que seas tan poco agradecida!! ¡¡Eres un desconsiderado!! ¡¡Vas a terminar siendo un fracaso!! ¡¡Nunca vas a conseguir nada en la vida con esa actitud!*

Conducta elegida: *Cuando observó tiradero, me frustro porque PIENSO (yo-mi creencia) que no valoras, y me preocupa que se descomponga, se rompa y tenga que hacer otro gasto. ¿Estás de acuerdo en ponerlo mejor en la mesa?, ¿estás de acuerdo en retirar el agua lejos de la computadora?*

Para aplicar está herramienta, vamos a detenernos en el paso 1 y 2:

Observo e interpreto. Vamos a verlo en cámara lenta, paso a paso. Nota que no necesariamente se hace en el orden que vamos a revisar, porque las cosas pasan tan rápido que a veces no nos logramos detener en sensaciones, nombrando emociones o reconociendo creencias.

Observo lo que sucede o escucho lo que me dicen.

Reviso lo que estoy interpretando (pensando, escuchando o diciéndome a mí misma).

Reconozco la emoción y la nombro.

Detecto las sensaciones en mi cuerpo ligadas a la emoción-reacción.

Aquí es en donde me voy a detener repitiendo las primeras 2 R´s de las 8 R's que iremos viendo.

RESPIRO Y REGRESO. Voy a respirar para empezar a buscar la calma, para responsabilizarme y regularme. Voy a regresar a mí, revisando mi interior, mis emociones, mis pensamientos y mis sensaciones.

Lo que normalmente pasa las primeras veces, es que nos quedamos en silencio por no saber qué hacer y qué decir. No encontramos cuál es la respuesta asertiva e inteligente. Esto sucede porque, aunque nuestro cerebro ya tendría que estar 100% maduro como adultos, no es así. Cuando nos enojamos con tal intensidad, debido a que estamos creyendo que hay un riesgo o amenaza para nosotros o nuestros hijos e hijas, nuestro cerebro entra en «modo reptil», y respondemos desde una amígdala activada; alejados de las respuestas del lóbulo frontal. Y no entran en acción ni la razón ni la capacidad de discernir, analizar consecuencias y regularnos con un diálogo enfocado en la solución.

Al caer en modo reptil, tenemos a la mano 3 respuestas: atacar, huir o congelarnos. Si quieres saber cuál es tu forma automática de reaccionar recuerda cuando tus hijos rompen una regla de las importantes, y observa tu reacción. ¿Gritas (ataque), guardas silencio y no sabes qué hacer, cierras o subes los ojos (te congelas), te vas del lugar (huyes)?

Reconocer cuando estamos en modo reptil, ayuda a señalarnos que nos hemos perdido de nuestra consciencia y de la versión madura, inteligente y racional de nosotros mismos. Cuando comienzas a actuar desde el cerebro reptil, tómalo como una señal, como una sirena de emergencia, que te dice *¡ALTO! ¡Detente! ¡Te saliste del modo racional! El modo cavernícola se apoderó de tu cerebro.*

Es como si te hubieras caído de la silla y te tienes que volver a incorporar. Como si tu auto se hubiera salido del pavimento y te encontrarás del lado del copiloto y en el asiento del conductor estuviera tu reptil conduciendo.

**AGRESIÓN
MANEJANDO**

Ahora, probablemente te estés preguntando ¿por qué llegas al modo reptil? ¿Por qué explotas? Y la respuesta está justo en el significado que le das a las acciones de tus hijos y a las decisiones que toman. Una cosa es la realidad tal cual sucede y otra, es cómo la interpretamos. Para poder tener autocontrol y regularnos, eligiendo nuestras conductas, debemos de centrarnos en nuestra persona, nuestras acciones, y nuestras elecciones.

Para saber reconocer si tenemos o no agencia de responsabilidad, checa cuál de las frases te describe mejor:

Me hacen enojar	Me enojo
Se ponen necios	Pierdo la paciencia
Se portan mal	Me asusto y me preocupo
Me hacen perder el control	Perdí el control
Sacan mi peor parte	Actúe de manera irracional
Me sacan de mis casillas	Me siento furiosa, furioso, frustrada, frustrado
Me llevan al límite	Siento ganas de golpear/gritar
Me piden a gritos un correctivo	Saqué mi peor versión
Se lo ganaron	Elegí retirarme y respirar porque iba a perder el control

Si observas detenidamente las frases, ¿puedes reconocer la diferencia?

Verás que las frases de la izquierda están escritas en segunda persona del plural (ellos), y por ende se trata del otro. Las del lado derecho están escritas en primera persona del singular (yo), por lo que hablan de ti.

Esta es una de las diferencias entre las personas con «Agencia de Responsabilidad» y las personas que reaccionan con lo que «el otro» hace. Los papás reactivos, dependen del trato, el humor, y la conducta de los hijos. Sí ellos se portan bien, los tratan con amabilidad y respeto, si se portan mal entonces usarán frases y actitudes irrespetuosas. En cambio, cuando te auto-regulas, las acciones se alinean con tus valores. Estamos hablando aquí de una elección consciente, basada en un proceso de madurez de las funciones de tu cerebro, porque nos movemos en el área de la corteza prefrontal.

CEREBRO QUE ANALIZA

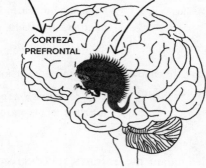

CEREBRO QUE ANALIZA
MADURO Y EVOLUCIONADO
- SIENTO ENOJO
- SIENTO IMPOTENCIA
- ¿CÓMO AYUDO A RESOLVER?
- ESTO NO ME LO ESTÁN
  HACIENDO A MÍ

CEREBRO REACTIVO O REPTIL
CUANDO PIENSO:
- HIJO MALO
- HIJO TONTO
- ¡¡ PORQUÉ LO HIZO!!
- ¡¡NO PIENSA!!

CORTEZA
PREFRONTAL

Con toda esta información, mi intención es que tengas suficientes motivos para saber que cada uno de nosotros elige o no, perder el control. Esta es una elección que tenemos todos los días. Cada vez que enfrentamos una situación que nos da miedo, nos preocupa o nos hace sentir bajo amenaza. Y, la elección de auto-regularnos, está basada en motivos ligados a valores como el respeto, el amor incondicional, la confianza y la responsabilidad.

Una herramienta más para contribuir a ejercer la auto-regulación es el medidor de la energía emocional. Este medidor es algo muy sencillo de usar.

REGULADOR EMOCIONAL

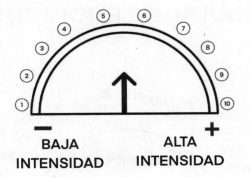

BAJA INTENSIDAD **ALTA INTENSIDAD**

Así como lo observas, tiene 10 niveles, siendo el 1 el más bajo y 10 el más alto. La idea es que tengas conexión con tu cuerpo, sintiendo brazos, piernas, cabeza, manos, cara, espalda, etc., y percibiendo la sensación de lo que se siente estar vivo. Puedes poner atención en tu temperatura y la energía vital que sientes.

Un ejemplo sería, en el nivel 1, ubicar las emociones de baja intensidad, como estar cansado, somnoliento o tranquilo. La tristeza o ternura sentirla en un nivel 2 o 3. De igual manera ubicar qué nivel tendría la alegría, la sorpresa, el entusiasmo.

Revisa en una emoción cómo cambia la energía. Cuando sientes miedo, ¿tienes la energía baja, alta o combinada? Probablemente tengas una mezcla de mucha energía si te congelas de miedo, pero no actúas y por eso tu cuerpo tiembla para liberarla o puede repentinamente dar un gran grito con mucha potencia y así poder sacar esa energía. Puede ser que el miedo disfrazado de enojo sea de un alto nivel (10), cosa que también sucedería si estás huyendo de algo y el miedo te hace correr con mucha fuerza.

Te propongo que ubiques a continuación los niveles que sientes que van con cada emoción.

REGULADOR EMOCIONAL

ES RECOMENDABLE HACER UN REGULADOR DE EMOCIONES DE CADA MIEBRO DE LA FAMILIA, PARA CONOCERNOS MEJOR.

Para saber usar este medidor hay que conectar con tu cuerpo, con tu voz y con la energía que sientes, así ubicarás qué nivel tienes. El paso siguiente será elegir el nivel óptimo que te conviene usar para cada actividad que realizas. Por ejemplo, hablar con tu adolescente de manera tranquila te requiere estar en el nivel 3 o 4, para evitar que te vayas a exaltar. Recuerda que la respuesta automática y aprendida causará un efecto en tu nivel de energía, sin embargo, será tu responsabilidad, a través de tu respiración y conexión con tu cuerpo, llevarte al punto de auto-regulacion para monitorear que tu energía no sobrepase el límite en el que sigues siendo alguien que habla con respeto y amabilidad.

Si esta herramienta te está llevando a pensar que no se permite enojarse, quiero que te quedes en paz porque no es así. En otro capítulo trataremos el tipo de enojo que es válido y útil tener en la vida y en nuestras relaciones. Veremos con detalle la diferencia entre el enojo limpio, el enojo sucio y la agresión. Hasta este momento vamos con la base de la auto-regulación y entendiendo cómo se expresan las emociones en nuestro cuerpo para empezar a manejarnos de manera más regulada, ya que buscamos ser el ejemplo.

Si cada día nosotros elegimos auto-regularnos, estamos eligiendo cambiar a la única persona que está en nuestras manos modificar. Estamos eligiendo confiar y ver lo mejor en nuestros hijos e hijas. Estamos reconociendo que hay una oportunidad, en cada «mala conducta» de platicar, reflexionar y conocerlos mejor. Si elegimos ver la vida como un espacio para aprender acompañados con empatía y buenas intenciones, nuestros hijos e hijas aprenderán a ver lo mejor de ellos. Para esto, tenemos que tomar la decisión de no atacar, sino primero respirar, para pensar y reflexionar acerca de las oportunidades de aprendizaje que hay frente a nosotros y frente a nuestros hijos. Al hacer esto, estamos dando la mejor muestra del ser humano en el que queremos que se vayan convirtiendo nuestros adolescentes.

Resumiendo:

El primer paso es elegir Parar, Respirar, Nombrar las emociones, Reconocer los pensamientos o creencias y Detectar/Conectar las sensaciones (cambios) en el cuerpo. Repetir para mí: Estoy enojada, Estoy enojado, siento los puños cerrados y la sangre caliente. Elijo Respirar y pensar antes de hablar porque prefiero

CONSTRUÍR que DESTRUÍR en la relación con mi hija, con mi hijo.

Recuerda estas 3 R´s:
Respiro, Regreso, Reconozco (la emoción)

Muy seguido olvidamos que la disciplina realmente significa enseñar, no castigar. Un discípulo es un estudiante, no un recipiente de consecuencias conductuales.

Daniel J. Siegel
Médico psiquiatra, profesor y autor

3

«Anticiparte»

La prevención de los conflictos

Los adolescentes escuchan constantemente la palabra «NO».

Lo que los padres buscamos con esa palabra es cuidarlos y evitar que se lastimen o corran peligro. Si esta es la premisa, te propongo que lo hagamos de manera más eficiente. Busquemos que aprendan de una manera más amable, los riesgos, los caminos divertidos y las estrategias que los llevarán a tener permisos, independencia y buenas decisiones.

Cuando fueron pequeños nuestros adolescentes, les contamos en algún momento, cuentos o vimos la misma película en repetidas ocasiones y fuimos testigos del efecto que tenía en nuestros hijos cuando lograban anticiparse a los hechos. Cuando eran menores de 6 años les divertía y les daba gusto, seguridad y confianza, cuando nos decían, ahí viene el malo, ahí gana la batalla, ahí lo salvan, etc., y veíamos como aplaudían con gusto en cuanto sucedía lo que lograban predecir.

Pues esta técnica es exactamente la misma que usan los planeadores de eventos cuando se prepara una fiesta en la que te comparten todos los detalles para que sepas el código de vestimenta, el horario, el clima, la dirección para llegar, la mesa en la que te vas a sentar, el croquis del baño, hasta los invitados con los que compartes la mesa y entonces tienes claro cómo te la vas a pasar. Te anticipas a las eventualidades y te preparas para disfrutar el evento.

Lo mismo sucede con un viaje a la montaña. Si conoces todos los detalles, puedes disponerte a disfrutar. Conocer los pormenores, harán que la pases bien: detalles de la seguridad, saber que cuentas con el equipo adecuado, saber qué esperar de la compañía y del lugar, conocer aquello que debes de hacer en caso de que tengas alguna eventualidad…

Ahora piensa esto, cuando tus hijos, tus hijas, van a una fiesta, reunión, concierto, cita, encuentro romántico, etcétera, ¿cuánto tiempo le inviertes para acompañarlos en su preparación? ¿Les hablas de la parte divertida, con detalle, de lo que se siente ver a alguno de tus amigos más tímidos, tomado? ¿De la parte de que el alcohol te envalentona y te puede jugar una trampa porque te hace sentir el rey o reina de la fiesta? ¿Incluyes cómo un par de tragos se llevan tu pena en unos minutos y que ese es el riesgo más grande del alcohol? ¿O la mayoría de tu discurso va más hacia hacerles sentir miedo para que se alejen de los peligros que se pueden encontrar y de cómo las adicciones destruyen y te hacen ponerte en ridículo con los demás?

Imagina este escenario como si tú fueras un adolescente:

Llegas a una fiesta después de que tus papás te explicaron los riesgos del alcohol y te dijeron que mata las neuronas de tu cerebro, que te pueden dormir, violar y hasta robar y secuestrar. Que no destruyas tu futuro y que no te vayas a volver un adicto como el que viste debajo del puente o en la foto de la mujer tatuada destruida por las drogas.

Después de ese entretenido sermón, en la fiesta, conforme va pasando la noche, tu amigo, el más penoso del grupo, después de un par de tragos directos de la botella, se sube a la mesa, haciendo unos pasos de baile cachondos y divertidos, empieza a bailar y a cantar con una mujer invisible a la que abraza al ritmo de la música de banda muy apretadito. Todos desconocían que tenía estos gustos musicales, que se sabía este tipo de canciones y que tenía ese movimiento de cadera. Toda la bolita de cuates se reúne alrededor de él muertos de risa, tomando video y aplaudiendo la hazaña tan divertida.

Cuando tu hijo o hija se topa con esta escena, no se parece nada a lo que tú le platicaste que iba a sentir.

Cuando hablamos de anticiparnos, la idea es utilizar el ambiente y las condiciones óptimas para el aprendizaje. Vamos a revisar cuáles son estas. La manera natural en la que todos aprendemos es cuando algo nos genera curiosidad. Otro punto importante para el aprendizaje es relacionar el tema con nuestra experiencia previa y conectar con una reacción emocional para que sea significativo, para finalmente aplicarlo de manera práctica con algo de nuestra vida.

Pero si tomamos en cuenta las condiciones del cerebro adolescente, recordemos que el área que está en proceso de desarrollo es a la que le toca decidir y medir las consecuencias y efectos de las acciones. Como esta zona todavía está poco conectada, entre más practiquemos con nuestros hijos, mayor será la estimulación y trabajo de esta zona, por lo que estaremos colaborando para que este proceso se dé y se desarrolle.

Sustentado en los efectos que tienen las historias vamos a usar esta herramienta de «Anticipar», para que nuestros adolescentes aprendan. Tomemos en cuenta algunos aspectos de las historias. Como apoyo te recomiendo ver «Cómo responde el cerebro a las historias… y por qué son esenciales para líderes» de Karen Eber, que puedes encontrarla con su nombre en las pláticas TEDTalks en Internet o escribiendo el siguiente link:

https://www.ted.com/talks/karen_eber_how_your_brain_
responds_to_stories_and_why_they_re_crucial_for_leaders?utm_
campaign=tedspread&utm_medium=referral&utm_
source=tedcomshare

Encontrarás datos importantes acerca de lo que sucede en los procesos que se dan en el cerebro para que una idea impacte y genere un cambio. En resumen, las historias nos enseñan siempre y cuando:

- Utilicemos una trama que incluya situaciones emocionantes y reales con las que se topan nuestros hijos.
- Contengan hechos con los que nuestros hijos se puedan identificar y conecten con una emoción.
- Los mantenga interesados, con cierto suspenso y curiosidad.
- Incluyan un conflicto.
- Tengan un ritmo que mantenga la atención y donde ocurra algo inesperado.
- Contenga detalles para que puedan visualizar las historia con suficientes aspectos divertidos y otros que generen empatía.

Cuando usamos buenas historias, tenemos todos los sentidos trabajando para el mismo fin: que se dé un aprendizaje para nuestros hijos e hijas en condiciones óptimas. Esto puede ser así porque sabemos que, tomando todos los puntos antes mencionados, nos aseguramos que el cerebro estará conectado con las siguientes áreas:

Amígdala epicentro (emocional).
Lóbulo occipital (porque lo vamos a visualizar).

Lóbulo temporal (escuchamos y reconocemos).

Lóbulo parietal (saboreamos y sentimos a través del sentido del tacto).

Lóbulo frontal (que nos permite poner atención).

Lóbulo temporal y frontal (permite conversar, escuchar y entender).

Corteza prefrontal (capacidad de discernir, analizar causas y efectos y elegir con mayor cantidad de elementos para tener una decisión más atinada).

De esta forma nuestros hijos e hijas pueden tener una historia que acompañada de preguntas, los lleve a practicar causas, efectos, consecuencias, y prevención de los conflictos. Tal como lo hacían los libros de «Choose your own adventure» (elige tu propia aventura), que nos permitían elegir diferentes finales experimentando consecuencias distintas. Lo que debemos de incluir sí o sí, es que el relato incluya una reacción emocional SIEMPRE.

Para contar nuestra historia es importante incluir un relato real e interesante, que mantenga su atención, usando **preguntas que ayudan a la reflexión.**

¿Cómo crees que te sentirías?

¿Qué pasaría con tus permisos?

¿Cómo reaccionaría tu papá, tu mamá?

¿Cómo te sentirías con la reacción de tu papá o mamá?

¿Qué sería lo más divertido? ¿Qué sería lo más conveniente?

¿Cuál es la diferencia entre esas dos?

¿Cómo afecta a la confianza tal o cual decisión?

Y siempre hay que hablar de dos caminos o dos elecciones.

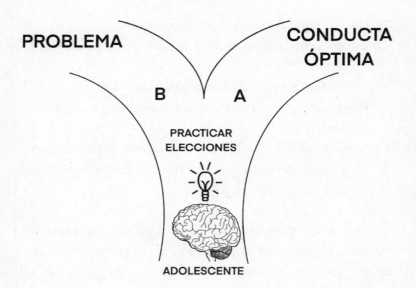

PROBLEMA   CONDUCTA ÓPTIMA

B   A

PRACTICAR ELECCIONES

ADOLESCENTE

Cuando comencemos a contar la historia, imaginemos una especie de video juego que contiene retos, obstáculos y peligros. Cada situación que les vamos a compartir incluye elecciones que van permitiendo que la situación vaya cambiando. Hay que buscar un desenlace que alivie o que termine en tragedia, pero evitar a toda costa que tenga el tono de regaño o sermón. El relato debe ser entretenido.

Aquí un ejemplo:

Vas a ir a tu primera fiesta y aquí va la historia…

Pablo se está arreglando para irse con unos amigos, y se entera que va su «crush», la niña que le ha gustado desde kinder… así que siente entre nervios y emoción porque la va a ver. Y se topa con ganas de hablarle y la pena de no poderse acercar. ¿Cuál crees que le gane?

Si no se acerca… todo el tiempo que dure la reunión o fiesta va a estar ansioso de quererse acercar.

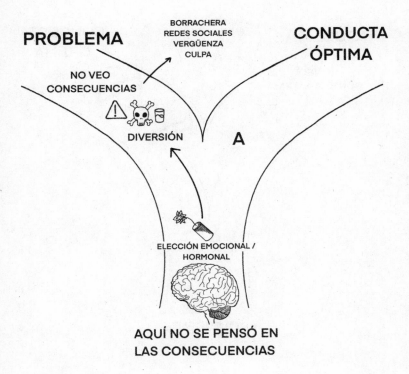

PROBLEMA

BORRACHERA
REDES SOCIALES
VERGÜENZA
CULPA

CONDUCTA ÓPTIMA

NO VEO
CONSECUENCIAS

DIVERSIÓN

A

ELECCIÓN EMOCIONAL /
HORMONAL

**AQUÍ NO SE PENSÓ EN
LAS CONSECUENCIAS**

Si se acerca… le van a dar nervios por pensar que es torpe, o si dice lo correcto.

Ahora imagina que no es Pablo el de la fiesta sino tú. Si llegan tus amigos a decirte que si te atreves a echarte un shot… ¿qué harías? Si te atreves a tomártelo, en un par de minutos seguro se te quita la pena, sientes euforia, cantas, bailas, y todos se ríen, y te conviertes en el rey de la noche. Como ya se te fue la pena y el miedo a que te regañen, te van a ofrecer otro shot, ¿qué crees que vas a hacer?… Toma en cuenta que el primer shot solito ya te invitó a que te valgan los regaños, la pena y el qué dirán.

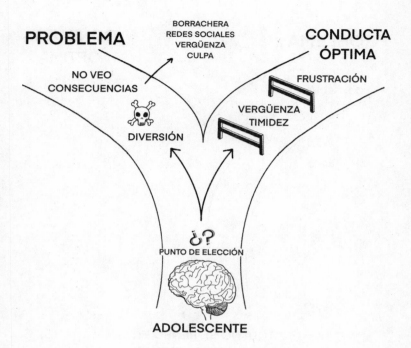

¿Cuál crees que sea la probabilidad más alta de la conducta que vas a elegir, tomando en cuenta que la noche es tuya, y sientes que eres un rockstar?

Si eliges no tomarte el shot y más bien observas lo que pasa con los demás ¿qué sería diferente? Estás tú observando al tímido del grupo, «¿cuál crees que sería el escenario más divertido? ¿Cuál sería la decisión que te metería en problemas como quitarte el siguiente permiso? Y, ¿cuál sería la elección que te daría el siguiente permiso más fácil?

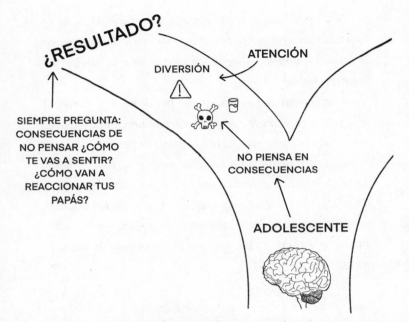

EN ESTE EJEMPLO EL RELATO SE CENTRA EN CÓMO SERÁ SI VA ELIGIENDO POR PLACER, DIVERSIÓN Y SIN PENSAR EN LAS CONSECUENCIAS.

En esta imagen observamos como la atención se centra en el camino divertido en donde no se piensa en consecuencias.

Imagínate que alguien más es quien se toma el shot y a ti te toca ver como tu amigo «X» empieza la transformación. El megatímido, empieza a bailar en la mesa como si fuera el galán de moda, (imitas un baile o lo describes como algún artista que escuchan tus hijos). ¿Cómo se vería? ¿Crees que sería chistoso? ¿Quién crees que lo grabaría? Si contesta «nadie» …le dices, Imagínate que empieza a cantar una canción que nadie sabía que tenía en su playlist, de las que escondes por pena, y se pone a cantar y a bailar como en tu vida lo habías visto… ¿cómo crees que reaccionaría la mayoría al verlo tan chistoso?

Si ya está bajo el efecto del alcohol, en donde ya no le importan los regaños, ¿qué crees que haría si le dicen a qué no te atreves a tomarle 3 segundos directo de a botella? ¿Qué crees que haría?

Imaginemos que ya pasaron un par de horas y el alcohol le llegó a la cabeza y le dan ganas de vomitar en una maceta. ¿Qué crees que pasaría? ¿Si tú lo ves que harías?

Lo están ayudando a llegar al baño y llega la mamá o papá de la casa y él le dice con voz de borracho: —qué tal don Alejandro, qué tal Patty, su maceta y yo ya nos enamoramos, ¿me puede dar su mano? Y observas cómo le da besitos a la maceta... ¿Tú crees que le daría pena en ese momento?

Más o menos ese es el panorama que podría suceder. Terminando la historia sigues con las preguntas y reflexiones. ¿Cuál te imaginas que será el reto de la fiesta? ¿Cuál sería lo divertido y cual lo conveniente? Para conservar tus permisos, ¿qué tendrías que decidir? ...Si decides eso, ¿cómo nos vamos a sentir papá y mamá cuando llegues a la casa? ¿Y eso cómo te hará sentir a ti? ¿Cómo crees que afecte lo que decidas en los horarios de llegada? Aquí explicamos que justo, al ver conductas de compromiso y responsabilidad, es más fácil que se vaya extendiendo el horario conforme vaya cumpliendo años y cuidando los acuerdos.

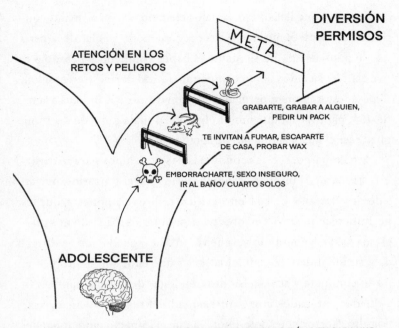

DIVERSIÓN
PERMISOS

ATENCIÓN EN LOS
RETOS Y PELIGROS

META

GRABARTE, GRABAR A ALGUIEN,
PEDIR UN PACK

TE INVITAN A FUMAR, ESCAPARTE
DE CASA, PROBAR WAX

EMBORRACHARTE, SEXO INSEGURO,
IR AL BAÑO/ CUARTO SOLOS

ADOLESCENTE

EN ESTA IMAGEN SE OBSERVA EL EJEMPLO DE LOS RIESGOS, CÓMO EN CADA UNO
PARAMOS A COMENTAR: ELIGE REFLEXIONANDO Y SIGUE AVANZANDO PARA LOGRAR LA
META DE PASARLO BIEN, TENER MÁS PERMISOS, CONFIANZA E INDEPENDENCIA.

La idea de las fiestas es que se diviertan, que tengan los permisos para pasarla bien, siempre y cuando eviten ponerse en riesgo. Revisar los distintos escenarios, incluyendo la parte divertida de los riesgos, para que conozcan qué es lo que realmente puede pasar. Integrar a la historia lo que a la mayoría le parece divertido, intrépido, chistoso, hace que nuestros adolescentes capten la realidad a la que se van a enfrentar. En la fiesta difícilmente encontrarán al borracho que vive abajo del puente a quien las adicciones destruyeron.

En las primeras fiestas y reuniones lo peligroso será lo divertido que se ven todas esas conductas de riesgo que parecen inofensivas y de las que normalmente no hablamos.

Una vez que llegan esos «malos ejemplós» o esas «malas conductas», lo ideal es aprovecharlas para aprender. Hablar de la pena que le pudo dar al día siguiente el haber vomitado y besado a la maceta. Ver su video o foto vomitando o sucio dormido en el sillón. Repasar estos momentos, platicando con cariño, llevándolos a la reflexión, para ver en qué minuto hubo una mala toma de decisión, puede ser el mejor momento de aprendizaje.

Sin embargo, si estas conductas, las utilizamos para castigarlos, criticarlos, humillarlos, amenazarlos y avergonzarlos, no van a desarrollar una mirada auto-crítica, reflexiva y honesta, que les permita reconocer sus errores para cambiarlos. Cuando nos dirigimos a ellos generando vergüenza tóxica (aquella que va dirigida a su identidad, haciéndolos sentir que ellos son el problema, no su conducta y sus decisiones), en lugar de reflexionar, se van a quedar enfocados con la intensidad del regaño y van a pasar por alto el error que cometieron ya que el impacto emocional del grito o castigo se vuelve lo más importante. Nos volvemos ahí los malos del cuento y toda la atención se enfoca en lo mal que los tratamos y en las cosas tan fuertes que les dijimos. Aparece un ser malvado y castigador y ellos se convierten en nuestras víctimas. Será tan desagradable o doloroso lo que hicimos, que eso marcará la anécdota: «qué mala es mi mamá, qué malo es mi papá».

Un regaño con agresión invita a quitar los ojos de la conducta
y al mismo tiempo te vuelve víctima poniendo toda la atención
en lo «mala» persona que es el otro—.

Así que, como conclusión, si quieres utilizar los recursos de atención, reflexión y aprendizaje en el pensamiento de tu hijo, no desvíes la atención de lo importante, que es su conducta, regañando desde tu cerebro reptil. Toma en cuenta las preguntas que ayudan a la reflexión y, ayuda a tu adolescente, revisando los escenarios con causas y efectos, para que se anticipe a la toma de decisiones, habiendo analizado lo más conveniente.

Toquemos aquí un punto que todos los papás esperan encontrar en este libro: Cuándo SÍ gritar, SÍ enojarse y SÍ expresarnos con libertad. Recordemos que no hay emociones ni buenas ni malas, solo llegan para expresarse y traernos un mensaje, así que revisemos lo que nos dice el enojo. Su energía es básica y necesaria para poner límites, para defendernos y para detener alguna injusticia. Este es su fin y vamos a ver las diferencias entre el enojo limpio, el enojo sucio y la agresión.

En el **enojo limpio** usamos palabras que llevan energía de molestia o de ira, pero no buscan lastimar, porque tenemos consciencia de nuestros valores, empatía y compasión. Tenemos claro que estamos cuidando la relación con aquella otra persona con la que estamos. Ejemplo: *¡Alto! ¡Para! ¡No lo lastimes! ¡Eso duele! ¡Se acabó! ¡No más! ¡Silencio! ¡Odio las mentiras! ¡Tengo ganas de soltar una cachetada! ¡No soporto las faltas de respeto! ¡Odio que rompas las reglas! ¡No tolero que se rompan los acuerdos!* No atacamos a la persona, nos enojamos con la acción.

El **enojo sucio** es aquel que no lleva corazón y que no tiene presentes nuestros valores. Es enojo sin agencia de responsabilidad. Viene de una educación basada en Mensajes Tú, en miedos, amenazas y control. Esta comunicación es la aprendida, es nuestro piloto automático. Ejemplo: *¡Eres una idiota! ¡¿Qué no piensas?! ¡Pero que tonto eres! ¡Eres una inconsciente! ¡Qué pena me das! ¡Así nadie te va a querer! ¡Eres un maleducado! ¡Eres insoportable! ¡Qué cochino!*

Si observas, la diferencia radica en el tipo de mensaje que usamos. En uno hay respeto y cuidamos a nuestro adolescente a pesar del grito y del enojo. En el otro, no nos importa la persona pues estamos tan enojados que tenemos nublada la parte más madura del cerebro. Es 100% cerebro reptil.

La agresión es el nivel extremo de enojo que expresamos cuando interpretamos que hubo una amenaza emocional muy fuerte o sentimos que se transgredió nuestra dignidad. Esto no quiere decir necesariamente que así lo buscó nuestro adolescente, sino que así es la vivencia por la experiencia que tenemos o los traumas que cargamos. Ejemplo: Tu adolescente prueba un cigarro electrónico y esto te genera mucha ira. Esta reacción extrema pudo originarse si en tu familia hay un problema de adicciones o alguien murió por cáncer pulmonar. Esa experiencia previa hace que interpretes el cigarro electrónico como una amenaza terrible y mortal, reaccionando desde esa perspectiva con mucho miedo a que se repita la historia.

Así que, después de ver las diferencias, queda claro que SÍ se puede gritar, SÍ nos podemos expresar y dar salida a nuestra emoción, pero siempre y cuando lo hagamos con consciencia, cuidando la relación y tocando nuestro corazón. Nuevamente veamos que se enseña con el ejemplo para construir una relación sin violencia.

4

La realidad siempre gana

Si iniciamos una batalla con la realidad siempre la tendremos perdida. La mejor elección y la más inteligente será ACEPTAR lo que hay, y después cambiar la reacción que tenemos ante lo que nos estamos topando. Nosotros somos los que creamos la realidad, con todo lo que pensamos y creemos de nuestras ideas. Aprender a revisar mi relación con la realidad me dará una visión más completa acerca de lo que sucede con mi adolescente. Te recomiendo ver el video del emprendedor Isaac Lidsky titulado «Qué realidad te estás creando para ti mismo». Puedes encontrarlo por su nombre en TEDTalks o copiando esta dirección en tu navegador:

https://www.ted.com/talks/isaac_lidsky_what_reality_are_you_creating_for_yourself?utm_campaign=tedspread&utm_medium=referral&utm_source=tedcomshare

Regresemos a nuestros adolescentes, y para eso, vamos plantear dos situaciones para trabajar con la realidad y mi reacción ante ella. Empecemos por imaginar estos escenarios:

- Nuestro hijo compartió una foto a su grupo de amigos exponiendo a una compañera que confió en él.

- Nuestra hija compartió una foto que circula por todo su grado en donde aparece semidesnuda.

Practicar *ACEPTACIÓN* a la realidad es repetirnos «esto está pasando», y respirar, «esto es lo que sucede frente a mí» y respirar, «esto no me lo está haciendo a mí» y respirar.

Hacer esta práctica puede ayudarte a tomar cierta distancia emocional para reconocer la realidad y cómo te sientes, y la manera en la que estás respondiendo a tu realidad. Para aceptar lo que hay, puedo comenzar por describir lo que sucede. Esto me ayudará a mantener la cabeza fría, eliminando la reacción del cerebro reptil que podría intentar castigar, golpear, amenazar, gritar o refundir a mi hija o hijo. Una descripción da información, no juicios.

AUTO-REGULACIÓN VS AMÍGDALA

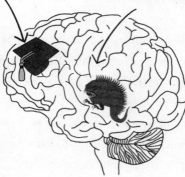

Para describir tenemos que usar la parte analítica de nuestro pensamiento. No lo podemos hacer con precisión y claridad si estamos en el modo cerebro reptil. Pensando en cualquiera de estas dos situaciones, normalmente a cualquier papá o mamá, nos haría sentir una amenaza que atenta en contra de la integridad de nuestros hijos e hijas. Igualmente, nos pone frente a la imagen de ser un mal papá, una mala mamá, y podemos sentir también que nuestra propia dignidad se está viendo amenazada. Esto puede generar una reacción de agresión.

Para lograr una descripción, hay que imaginarnos que estamos haciendo un retrato hablado. Debo poner mi atención en utilizar palabras que, de manera precisa y clara, puedan expresar lo que está sucediendo. Detalles puntuales de lo que pasa conmigo y frente a mis ojos y oídos y resto de mis sentidos. Puedo comenzar por describir lo que siento. Escucho que mi hijo o hija compartió una foto, y siento como me hierve la sangre, se me acelera el corazón, aprieto la mandíbula e identifico que estoy furioso. Siento las manos apretadas con ganas de reaccionar físicamente y percibo mi mandíbula trabada porque tengo ganas de darle un par de gritos por la conducta indebida que tuvo. Al conectar con todo esto me digo: «*Estás sintiendo furia. Tienes mucha rabia. Estas pensando en que quieres colgar a tu hijo de la lámpara. Estás asustada, asustado.*»

Esto también es parte de la realidad, la realidad de tus emociones y de tu reacción. La realidad está frente a ti, y describirla ayuda a tomar distancia para saber que la realidad «nadie te la hace». La realidad pasa frente a ti, y de lo único que te puedes encargar es de tu forma de responder ante ella; no de cambiarla. Puedes únicamente elegir la forma en la que reaccionas ante ella. Ahí es en donde está el terreno de cambio y el espacio para la acción.

Cada año se me presentan padres con las situaciones previamente mencionadas, el adolescente que comparte una foto y genera problemas en las redes sociales. Terminan por involucrarse los padres de ambas familias y la situación llega a escalar hasta el terreno legal o golpes y amenazas entre amigos y/o hermanos. Cada año observo cómo la misma situación genera reacciones tan distintas. Papás y mamás que castigan y amenazan, otros que se mueren de vergüenza por lo que sucedió, otros que defienden a sus hijos y a sus hijas excluyéndolos de toda culpa y haciendo responsable a la otra persona. Padres que sienten que la reputación de su hijo o hija está por hacerse pedazos y otros que buscan a un malo y a una víctima de la situación. El escenario siempre es el mismo y las reacciones y desenlaces cambian de acuerdo a cada familia.

Durante todos estos años, los casos que terminan mejor, tienen un par de ingredientes en común. La capacidad de ver la realidad como si no te la hicieran a ti, sino como una serie de hechos que suceden frente a ti para tomar una perspectiva más amplia. Y entender mejor qué los llevó a actuar así, analizando todos los elementos incluidos en la situación: corteza prefrontal inmadura y poco conectada, emoción y hormonas en su apogeo, toma de decisiones torpe, emoción que nubla la razón y, en el análisis de riesgos, lo de «la hormona mata neurona», las condiciones no nos ayudan mucho. Si se cuenta con el objetivo de dar acompañamiento para que se genere un aprendizaje, practicar decisiones mejor evaluadas y reparar el daño, permitiendo que los hijos revisen sus acciones y se responsabilicen, la situación llega a un mejor termino.

Sin embargo, esto no es fácil si como padres no nos damos a la tarea de observar con curiosidad y atención para lograr un entendimiento profundo. Si permitimos que nuestros adolescentes vivan las consecuencias de sus actos, se llevarán el valor de una gran lección. Nosotros no necesitamos interferir con el resultado. Solo es cuestión de señalar cuál es el efecto o consecuencia de cada acción que ellos toman. Y por otro lado pulir nuestra técnica para logra hacer descripciones más atinadas de la realidad.

Ejemplo: Deja que tu hija o que tu hijo experimente la vergüenza y la culpa de la situación.

Muchas veces, lidiar con esos sentimientos es más que suficiente «castigo». Los adolescentes se generan sus propias consecuencias y si les permitimos vivirlas directamente pueden ser muy duras y dolorosas, pero sin que afectemos el destino. Lidiar con el dolor, la decepción y la pérdida de credibilidad de sus padres cuando gozan de privilegios y de tener su confianza, puede ser muy duro para los hijos e hijas. Acompañarlos en la reflexión de cómo se resuelve un conflicto, del valor que se requiere para mirar a la cara a la persona que lastimaron para decir un «lo siento» y hacerlo con dignidad recociendo su error, puede ser una gran lección para enfrentar.

La realidad es simplemente aquello que pasa frente a mí y que, a través del lenguaje, puedo permitir que otros entiendan con claridad lo que vivo. Entre mejor sea mi descripción, mayor claridad tendrán los otros para saber lo que está sucediendo.

Ejemplo: Si yo digo «Mi hijo es un inconsciente», «mi hija es una irresponsable» no se podría hacer un retrato hablado de esto, ni una cámara podría grabar con precisión lo que estoy observando y escuchando. Se podrían grabar un sin número de circunstancias señalando un acto inconsciente, uno irresponsable. Podríamos pensar que mi hijo es inconsciente cuando bebe sin control, que mi hija es irresponsable cuando maneja a 180 y se pasa la luz roja, cuando guarda una pluma para wax (droga THC, en forma de cera o resina) en su mochila, cuando tiene relaciones sexuales sin protección, etc. Si observas la cantidad de escenarios son múltiples y las reacciones ante estos escenarios, también. Si yo digo en cambio: «mi hijo grabó un video de él tomando directo de la botella de vodka mientras varios chavos que estaban a su alrededor contaban, aplaudían y gritaban festejando la hazaña» o «mi hija se tomó una foto mostrándose sin blusa, en sujetador y la envió a un amigo por WhatsApp», esa imagen la podemos obtener con mayor claridad si escuchamos los detalles de cómo fue descrita.

Esta es la razón por la que es recomendable aprender a describir la realidad e ir generando una perspectiva más amplia que me ayude a saber cómo actuar mejor con todos los recursos de mi pensamiento. Así sabré cuál es la mejor decisión para apoyar y guiar, de acuerdo a la conducta que mi hijo o mi hija está presentando. Todo esto con el fin de proveernos de una perspectiva más amplia, que pueda jugar a favor de la salud e integridad física y emocional de nuestros hijos e hijas. Desde este ángulo, toda mala conducta es una oportunidad de aprendizaje.

Otro ejemplo sería decir: «Mi hijo compartió una foto de su compañera en ropa interior, a 4 amigos, a través de Instagram; la niña está muy enojada, dolida, decepcionada y avergonzada». Con esta descripción ya nos va quedando más clara la idea de lo que sucede. Esto sí lo podría grabar una cámara de video con mayor precisión. Si damos información en lugar de juicios, opiniones, halagos o críticas, permitimos que la otra persona escuche con atención a los detalles de la realidad sin sesgar la información por nuestros filtros o pensamientos.

Pero dar información, implica también un proceso del pensamiento más avanzado porque requiere habilidades de la corteza frontal (auto-regulación, auto-observación, análisis de los detalles, reconocimiento de emociones y un razonamiento moral que trascienda mi enojo, mi miedo y las voces de mis padres y la sociedad), elegir el amor, el aprendizaje y la cercanía por encima de mi reacción y mis ganas de tragarme a un hijo «grosero, a una hija mal educada».

Describir la realidad es un esfuerzo que solo se hace por amor y porque tenemos la voluntad de cambiar el estilo correctivo a través del miedo, castigos y amenazas, por uno de reflexión y autorregulación. Por esta razón decimos que el cambio en la educación requiere un mayor esfuerzo y compromiso. Es más sencillo reaccionar desde el cerebro reptil, que ejercitar nuestras habilidades emocionales y de comunicación. Sin embargo, este libro no estaría en tus manos si no creyeras que hay otros sistemas más novedosos y útiles, así que continuemos revisando cómo funcionan las herramientas.

Cuando nos vamos a enfrentar con la realidad que la adolescencia nos presenta, lo más importante es repetirnos: «Esto está pasando, no es personal, no me lo están haciendo a mí». La realidad sucede, y si le quitamos el ingrediente que nos dice «me lo hace a mí», tendremos en cuenta que nuestros hijos e hijas son personas distintas a nosotros que, aunque lleven nuestros apellidos y hayan vivido mucho tiempo bajo nuestro techo, son seres que actúan, piensan y sienten distinto, pero que, generalmente, no buscan «hacerme las cosas a mí» o lastimarme a mí.

Nuestro pensamiento se crea diferentes escenarios acerca de lo que sucede y de por qué sucede. Y si nosotros vemos la realidad interpretándola como que las hijas y los hijos nos hacen o nos dirigen sus acciones, la reacción que vamos a tener será de coraje, enojo y rabia. Para esto la importancia de describir.

La descripción de la realidad va en dos direcciones. Hacia afuera, con lo que está pasando frente a mí. Y hacia adentro de mí, reconociendo mis emociones, sensaciones y creencias acerca de lo que sucede. Lo que sucede en el exterior se trabaja con los ejemplos antes mencionados y, otra alternativa, también es pensar que somos locutores en una cabina de radio y estamos describiendo a nuestros radioescuchas lo que está sucediendo para que todos lo puedan imaginar con claridad.

La descripción interior se escucha como la narración de las emociones que se van presentando dentro de mí. Este paso se hace una vez que trabajamos con la autorregulación (reconocer mis emociones, sensaciones en el cuerpo y pensamientos). En este caso podría ser que, me entero de lo que sucede, me sube la temperatura, me escucho diciendo una frase como esta: «PERO QUE NO PIENSAS», «CUÁNTAS VECES TE LO HE DICHO».

Reconozco el enojo, la ira, la rabia, la vergüenza, la impotencia, la frustración, la tristeza y la incertidumbre. En ese momento comienzo a trabajar aceptando la realidad…

Se escucharía más o menos así:

«Estás sintiendo _____(enojo) porque estás viva/o».

«Estas sintiendo ganas de castigarlo/a por un año porque estás furiosa/o».

«Sientes que la/o quieres matar, estás muy enojada/o».

«Estás furiosa/o y esto es lo que hay».

Lo que estás haciendo es validar tus emociones como lo harías con alguien más cuando estás tratando de calmarlo y escucharlo. Esto es justo lo que nos ayuda a recuperar la serenidad. Recuerda que esto será justo lo que nos lleve a entender que el enojo actúa muchas veces como la máscara del miedo. Así que mucha de la realidad con la que te vas a encontrar, es que sientes miedo.

Cuando descubrimos que la realidad nos da tanto miedo, el siguiente paso será descubrir que el miedo está basado en cuidar y proteger lo que amamos y valoramos tanto. Sin embargo, lo ÚLTIMO que comunicamos, es justo eso. Vamos a revisar este punto con los ejemplos mencionados previamente.

Tu hija comparte una foto en ropa interior o semidesnuda.

Tu reacción desde el enojo: «Pero en qué estabas pensando, o mejor dicho seguro no estabas pensando, que vergüenza», castigado tu celular, tus permisos y no puedes ver a nadie.

Tu reacción desde el enojo sucio: «Qué idiota, ¿pero que no piensas? ¡Eres una «x%$·*·($&»! Qué pena que no tengas valores ni educación».

Tu reacción desde la agresión: «Eres una +^*&#%;/» + agresión física. «Lárgate a tu cuarto, avergüenzas a tu familia, pero que Pen&%$ eres».

Actuando desde una descripción: Estoy furiosa, y estoy enojada, RESPIRO, y me digo «esto está pasando...» «La foto de mi hija circula en varios teléfonos...» Respiro y me digo: «Y esto está pasando...» RESPIRO.... Y me digo: «Y estoy asustada y enojada...» RESPIRO.... Y reviso: ¿De qué está hecho mi enojo y mi miedo?

Al explorar mi realidad interior descubro que tengo miedo de que se burlen, de que la lastimen, de que la excluyan y la señalen. Me da temor que se separen de ella sus amigos y sus amigas y no quiero que la juzguen porque no quiero que la hieran.

Una vez que descubro esto, respiro y observo. Y me doy cuenta que quien estaba a punto de reaccionar de la misma manera en la que tengo miedo que la traten a ella, soy yo. Yo la estoy juzgando, yo la iba a señalar y yo la iba a lastimar con las palabras de mi regaño. Me estoy separando de ella porque su acción me apena, me duele y la rechazo. Le quito mi compañía alegre, cariñosa y la quiero lejos de mí, en su cuarto o en otro espacio de preferencia.

Vuelvo a explorar mi realidad interior más despacio y más profundamente. ¿Qué es eso TAN malo de esta situación? ¿Por qué estoy tan asustada y tan enojada? RESPIRO... y me encuentro con la respuesta: «Quiero una hija educada, que se respete y que la respeten...»

¿Para qué? Para hacer un buen papel de mamá, para hacer un buen papel de papá.

Así que su acción me hace ver como una mamá o como un papá que lo está haciendo muy mal y por esa razón me dan ganas de castigarla.

Sigo revisando mi realidad interior... ¿Para qué quiero una hija educada, que se respete y que la respeten? ...Para que sea feliz y encuentre personas que la valoren y la traten bien... y me doy cuenta que la forma en la que le estoy hablando o estoy a punto de hablarle, no es cómo quiero que le hablen las personas que la quieran y que la respeten.

Caigo en cuenta que la forma en la que le hablo carece mucho de cariño, de buen trato y de respeto.

Todo lo que quiero está basado en que quiero que sea feliz y que la traten bien, todo viene del amor. Sin embargo, mi reacción no está hablando un lenguaje de amor. Está hablando el idioma del miedo, de la rabia, de la decepción, de la impotencia, de la agresión y/o del enojo. Y, me recuerdo que una persona que te ama, te comprende y es madura, tiene la capacidad de estar en desacuerdo, pero no perder la conexión/unión del vínculo que tiene contigo en su relación.

Esta es una mirada a la realidad interior que, como padres, nos topamos con nuestros hijos cuando se enfrentan a una situación de riesgo. La diferencia es que ahora la realidad la hacemos nuestra, a través de revisar lo qué significan los hechos para cada uno de nosotros.

Por último, te dejo un cuadro comparativo de la diferencia de juzgar, halagar y describir.

HALAGAR/JUZGAR	DESCRIBIR
Habla de la opinión del otro	Te permite analizar información
Genera búsqueda de reconocimiento	Genera mirada analítica y auto-observación
Genera búsqueda de aceptación	Genera auto-conciencia
Basado en la persona=así eres; no puedes cambiar	Basado en la conducta=así elegiste; puedes elegir distinto
La persona es el problema	La persona se separa del problema
Centrada en el resultado, solo hay una oportunidad de aprender	Centrada en el proceso, hay múltiples oportunidades de aprender
Te genera vergüenza fallar o no estar a la altura de las expectativas del otro	Te empodera para cambiar
Busca complacer al otro	Genera «Agencia de Responsabilidad»
Tu valor lo da el otro y dependes del otro para sentirte bien contigo	Tu valor, depende de ti y de tus observaciones/descripciones acerca de tu conducta. GENERA AUTOESTIMA

Nota: La Agencia de Responsabilidad es la capacidad que tenemos de reconocer nuestras acciones, decisiones, expresiones y actos. Cuando dejamos de culpar a otros por cómo reaccionamos y cómo nos sentimos.

Resumiendo: Trabajar con ambas realidades (la exterior y la que vivo en mi interior), nos ayudará a elegir mejor la forma en la que reaccionamos hacia lo que nos sucede. Hay que mirar con curiosidad para logra un mayor entendimiento de todos los elementos así como una visión más profunda de lo que pasa y de lo que me estoy perdiendo.

5
Cambiando la perspectiva

Lina era una alumna a la que todos le temían, una clásica «bully». Ella caminaba como bully, miraba como bully y hablaba como bully. Varios alumnos y alumnas le sacaban la vuelta porque le temían. En una primera cita en la oficina de la dirección, Lina se apareció por el pasillo moviéndose de un lado a otro con el pecho levantado y la cabeza un poco inclinada hacia atrás, dejando que su mandíbula fuera la primera parte del cuerpo que entrara por la puerta. Tenía los pants del uniforme doblados arriba de la pantorrilla y entró saludando con una mirada retadora. La parte de mí que viene de la vieja escuela, de un sistema educativo basado en el miedo a la autoridad, del castigo a las conductas irrespetuosas y del uso de la amenaza como método disciplinario para el cumplimiento del reglamento, estaba lista para enseñarle quién era la autoridad y quién mandaba aquí.

Sin embargo, la parte de mí que había estudiado Psicología, que había trabajado con alumnos difíciles, atendido pacientes en el psiquiátrico infantil, y trabajado con chavos del patio 3 del Tutelar de varones menores infractores, me decía algo distinto. Me resonaban en la cabeza palabras como:

Vínculo, cercanía, curiosidad, conoce y descubre quién está frente a ti sin que juzgues.

Así lo hice exactamente, y poco a poco, fui descubriendo a una adolescente leal, que defendía a su «tribu» por encima de cualquier cosa y que, tras sentarme con sus papás un día, pude entender el porqué de sus juicios, críticas, carácter explosivo, impositivo y agresivo. Pude observar cómo quedaba dolida ante los regaños de su padre a quien no lograba hacerle llegar sus puntos de vista. En esa cita me volví su aliada, ya que compartí lo que había observado en la relación con su papá. La veía sintiéndose sola y sin comprensión.

Desde ese día en adelante comenzamos a platicar, me compartía información importante de ella y de otros compañeros y siempre que busqué su cooperación para que las cosas fluyeran con cualquier asunto de disciplina, así lo hizo; cooperó siempre que se lo pedí.

Está historia es una muestra de cómo, al cambiar la perspectiva con que vemos a un adolescente, transforma la manera en que nos relacionamos con ellos y más importante aún, cambia la forma en que nos responden y nos tratan. Buscando encontrar su mejor versión, comienzan por ofrecérnosla.

Tan fácil y tan difícil cambiar la perspectiva. Esta es una estrategia que tiene que ver con nuestros pensamientos y creencias, así como con las imágenes mentales que construimos de lo que observamos en la realidad.

Ron Davis, de quien ya platicamos, habla del ojo mental como esa parte desde donde vemos las imágenes de nuestro pensamiento, desde donde visualizamos lo que hay en nuestra imaginación. Y nos explica cómo, a través de mover nuestro ojo mental, cambiamos la perspectiva desde donde vemos las cosas. Básicamente es cambiar nuestro punto de enfoque para enriquecer la experiencia de lo que vivimos y entenderla diferente.

Cuando nosotros nos contamos una historia acerca de lo que sucede, volvemos esa historia la realidad, y esto tiene un efecto a nivel fisiológico en nuestro cuerpo. Al observar que una «bully» se acercaba comencé a sentir enojo, firmeza, deseos de ubicarla y proteger a todos aquellos a quienes había lastimado para ponerla en su lugar. Se me subió la temperatura, se tensó mi cuello y mis hombros. Gracias a que modifiqué mi ojo mental, cambió mi postura y la manera en la que tenía la intención de recibirla.

En la psicología hay varios experimentos en donde a través de una visualización y un cerebro conectado a una computadora observamos cómo se van encendiendo las distintas zonas del cerebro que participan en la visualización. El resultado es que, con un estímulo que pensamos, escuchamos o imaginamos, se observan las áreas del cerebro involucradas cómo si fuera una realidad.

El ejemplo más sencillo de esto es imaginarnos un limón o un dulce o botana ácida en nuestra boca. Al imaginar que la saboreamos, sentimos el efecto real de tenerlo en la boca. Como diríamos en México, unas papas de carrito con medio limón exprimido, encima salsa picosa, un poco de chamoy y un toque de sal. Si al leer estas líneas percibiste cómo aumentó la salivación en tu boca, este es justo el efecto mencionado anteriormente. Con una simple visualización nuestro cuerpo responde.

Ahora imagina a tu adolescente cuando piensas e imaginas que te miente, que te quiere ver la cara, que se burla de ti o que te falta al respeto. Eso piensas y eso le ofreces a tu cuerpo, porque eso es justo lo que empiezas a sentir. Eso es también lo que le ofreces a tu adolescente. Si tu meta es influir de manera positiva en tus hijos e hijas, lo primero que tenemos que hacer es cambiar nuestra actitud a partir de una perspectiva diferente que reconozca intenciones distintas en ellos. Es más fácil ayudar a una chava o chavo inexperto e inmaduro, que a uno irrespetuoso, grosero, que se burla y quiere pasar por encima de ti.

Esta es la razón por la cual, hacer descripciones, nos ayuda a entrar en un modo más neutro. Si después de hacer una descripción de lo que observamos logramos cambiar la perspectiva acerca de su actitud, tendremos mayores posibilidades de acercarnos con ganas de sumar, de reflexionar y de apoyar a que se conviertan en esos adultos que un día también se volverán guía y ejemplo de alguien más.

Cuando tu hijo, cuando tu hija, comete un error en las redes sociales agrediendo a alguien y esas frases llegan a tus ojos, seguramente te vas a enojar, indignar y frustrar. Esto te llevará a pensar que tu hijo o hija es mal educada, grosera, irrespetuosa, etcétera, y lo único que sentirás son ganas de castigar, regañar y llamar la atención de una manera en la que no le queden ganas de volverlo a hacer. Buscarás darle una lección, sin embargo, todo lo que hagas será motivado principalmente desde el enojo y la ira.

Cuando estás enfocada, enfocado en la historia que se centra en el problema, en lo que NO está fluyendo, la visualización que creas para ti y la sensación que sientes, es la de: «Tengo un hijo, tengo una hija que agrede, que no respeta y que lastima a otros...»

Esta realidad te la ofreces a ti y es desde donde te relacionas con tu hijo o hija.

Cuando a tu ojo mental le das la opción de visualizar a un adolescente que le faltan elementos para tomar decisiones inteligentes, que le falta madurez para detenerse y medir las consecuencias porque fisiológicamente su cerebro no hace esas funciones, entonces ahí hay un área de oportunidad para que tú como mamá o papá entres a dar soporte, apoyo y guía.

Piensa en cómo lo hace un líder con sus colaboradores o un coach con su equipo. El coach en un colegio no elige a los alumnos o alumnas que son de excelencia y que ya cuentan con todas las habilidades para jugar con excelencia. Él se encarga de trabajarlas, de motivarlos para que las desarrollen y de señalar las áreas que deben pulirse más a través de ejercicios y prácticas.

Si como en la situación mencionada previamente, tu hija o hijo escribió agrediendo o burlándose de alguien más en redes sociales, eso tomas como la conducta a trabajar, tienes ahí la oportunidad de pulir valores, manejar consecuencias, y hablar acerca de cómo se repara un error y cómo se acerca uno para pedir disculpas de un acto que está desalineado con nuestros valores.

Si elegimos tomar el camino de lo que construye y de lo que es útil para su desarrollo, veremos las siguientes OPCIONES frente a nosotros:

- Mi hijo, mi hija, necesita ayuda y elijo dársela porque quiero estar ahí.
- Puedo detectar las habilidades que le faltan para que trabaje en ser responsable.
- Elegir enseñar a pensar antes de actuar y a formular preguntas útiles para evitar meterse en problemas.
- Preguntar sin juicios, de manera auténtica y sincera: «¿Tú querías lastimar a esta persona?».
- Tener una conversación acerca de cómo se pide perdón y se hace una disculpa sincera con la intención de reparar.
- Revisar los valores con los que elige vivir su vida para que actúe con congruencia a ellos.
- Reconocer que un problema te da la opción de acercarte a tu hija, a tu hijo para ser un buen líder y enseñar.

La otra cara es que decidas tomar la opción de «La ley del hielo». De alejarte y castigar, transmitiéndole enojo, molestia y desprecio con tu mirada. Actuando con actitud lejana, quitándole privilegios, para que le duela y aprenda a través de los castigos y las amenazas de lo que le puede pasar si lo hace nuevamente.

Una estrategia que es útil tener presente en esta edad, es que podemos enojarnos, despreciar y rechazar rotundamente LA CONDUCTA que está teniendo nuestro hijo o hija, sin embargo, podemos seguir apoyando, guiando y caminando con cariño hacia él o ella.

> *Rechazar la conducta, aceptar y apoyar a tu hija,*
> *a tu hijo = amor incondicional*

Te invito a que mires un video de menos de 2 minutos para que observes cuál es una actitud neutra que busca reparar y que todos tenemos en automático cuando sabemos que nos hemos lastimado sin la intención de haberlo hecho, es decir, sin poner malas intenciones en nuestra conducta.

Se llama: «Ego — Thich Nhat Hanh (subtitulado)» y lo puedes ver copiando el siguiente link: https://www.youtube.com/watch?v=9ORzDVGhusY&t=56s

Cuando logramos cambiar la perspectiva y entender las acciones que se dan en la adolescencia, vamos a poder elegir la opción de estar cerca y de guiarles con el ejemplo. Cuando haces el cambio de perspectiva y tu ojo mental se enfoca en buscar las estrategias útiles para generar un cambio, un aprendizaje y la madurez, estamos en la parte que construye de la relación con nuestros hijos e hijas.

Otra situación que se vería muy distinta es la siguiente:

Pablo tiene su primer permiso de salir a un antro a sus 15 años. Este permiso fue una negociación acalorada entre su mamá y papá porque para ella no era opción salir a un antro a los 15 años. Este es el razonamiento que se comparte, como lo dijimos previamente, en la herramienta de ANTICIPARTE.

Mamá—Por qué **NO.**

Las habilidades para ir a un antro pasarla bien y cuidarse, son auto-regulación con el alcohol. Compromiso con los horarios para llegar a tiempo ya que la mayoría de las veces entre las 2:00 y 2:30 de la mañana es la última parte de anoche en donde queda gente sobria, por ende, en donde empiezan los riesgos más altos de peleas, dramas de parejas, y discusiones provocadas por el alcohol.

Papá—Por qué **SÍ**.

Quiero que sepa que confío en él. Tiene que empezar a foguearse con los riesgos y saber tomar decisiones. Si sabe que tiene mi confianza, va a responder con compromiso. Haremos el acuerdo que regresando lo checo para saber cómo llega y si viene mal le paso el alcoholímetro casero para saber cuánto alcohol tomó. Haremos el acuerdo que cuidará el tema del alcohol y que se reportará de mi lado de la cama para no despertar a mamá esta noche.

Así fueron los acuerdos y la negociación, que terminó en un sí. Se dio el permiso y se quedó en que la hora de salida rumbo a la casa sería máximo a las 2:30 del lugar.

A la mañana siguiente la mamá de Pablo revisa su celular y observa un mensaje que aparece en su WhatsApp a las 4:00 am, en el que se lee lo siguiente:

Está dormido. Vine, pero no lo desperté. Lo moví y le di un beso. Y ni se despertó. Y manda también la foto del buró de su papá junto con una parte de su cama…

Esa es la descripción de la situación.

Después de describirla, lo primero es reconocer las emociones, pensamientos y sensaciones.

Reconociendo emociones: «Lo quiero despertar en este segundo para decirle que no me va a ver la cara».

Reconociendo sensaciones: Mandíbula apretada, manos tensas, calor en toda la cabeza y tensión en la espalda y hombros, con muchas ganas de morder y de gritarle. Una idea cruza tu cabeza que dice que lo despiertes con un grito, le prendas la luz, y le grites para que sepa que eso no lo vuelve a hacer.

Nombrando emociones: Enojo, furia, rabia.

Consciencia de estar en el cerebro reptil y en modo ataque.

Aplico las herramientas de ACEPTACIÓN DE LA REALIDAD, DESCRIPCIÓN DE LOS HECHOS, CAMBIO DE PERSPECTIVA: NO DESTRUYES —POR CONSTRUYES, y le doy la imagen a mi ojo mental de un adolescente inmaduro, que se divirtió, que no cumplió con el horario de llegada, ni con el acuerdo de que había que despertar a papá. Respiro.

Busco buenas intenciones en la situación y me encuentro con que mandó un mensaje, optó por cuidar el sueño de su papá.

Busco inocencia y un espacio de aprendizaje: Tiene que trabajar con las habilidades de puntualidad, de comprometerse con sus acuerdos, de honrar su palabra y de agradecer con su actitud.

Esas son las áreas en las que nos podríamos enfocar si cambiamos la perspectiva para resolver construyendo y eligiendo cosas útiles y que sumen para su desarrollo.

La solución podría ser:

Entrar a su cuarto, después de habernos auto-regulado (asegurarnos de tener el disco de la energía en el nivel 4 para evitar convertir la conversación en una batalla). Iniciar un dialogo en el que toquemos los puntos en los que falló. Igualmente señalar que la intención de todas las reglas es conseguir la seguridad y paz para todos sin que se busque que se pierda de la diversión.

Los problemas enseñan

Podemos ver también aquí la gran oportunidad que nos traen los problemas, los errores o las malas conductas. Si aprovechamos cada situación en la que hay un error en las decisiones que toman nuestros adolescentes, tendremos un espacio para reflexión, para una conversación que tenga el fin de sumar y de resultar útil para la vida de nuestros hijos y de nuestras hijas.

Nuevamente observa y reconoce lo que le das a tu ojo mental, ¿una película con sonido HD del problema? ¿Cuántos minutos le estás dando a la producción de esta historia que recreas, y repites en tu mente? Observa cuánto tiempo pasas pensando en la película del problema y ahora pregúntate qué podrías hacer si inviertes ese mismo tiempo en pensar estrategias para que ambos se enfoquen en que tu hija, tu hijo desarrolle mejores habilidades.

Piensa en cómo hablar desde un punto de vista reflexivo analizando:

¿Qué falló?

¿En qué punto de la historia cambió el rumbo de tener un buen resultado a uno que ninguno quería que sucediera?

¿En dónde faltó una estrategia que hubiera impedido el efecto que ambos vivieron?

¿Qué emoción interfirió en que la mente se enfocará en el cumplimiento de la regla o del acuerdo?

¿Qué otros factores afectaron para que no se llegara al acuerdo?

¿Qué podrían hacer distinto para evitar, controlar o descartar estos factores?

¿Esa «mala conducta» habla de los valores que quieren tener en su vida? ¿Por qué crees?

¿Cuáles son los valores que eliges para actuar? ¿Cómo tendrías que elegir distinto la próxima vez para que tu conducta estuviera alineada con tus valores?

¿Con tu conducta, me invitas a confiar?

¿Cuál sería la conducta para seguir alimentando la confianza y la independencia?

Esta es una conversación que se deriva de una falla o error, de una mala decisión a la que los padres solemos decirle «mal comportamiento» o «mala conducta». Y podemos observar cómo se puede ocupar también para generar un espacio de aprendizaje cuando hay aceptación y un cambio de perspectiva en la que observamos que una «mala conducta» o una «mala decisión» puede ser ocasionada por la inmadurez de un hijo o una hija adolescente. Y el cambio de perspectiva incluye que «la mala» es la decisión, no nuestra hija o nuestro hijo. Ya nos quedó claro que las acciones y decisiones pueden ser terriblemente equívocas y dañinas, sin embargo, eso no vuelve malos, tóxicos o dañinos a nuestros adolescentes, y siempre nos da un espacio para trabajar sobre la responsabilidad de sus actos.

Resumiendo: Vale la pena hacer un cambio de perspectiva para no alejarnos de nuestros hijos ni de nuestras hijas, contarnos una historia en donde nos necesitan, actúan con mucha inexperiencia, pero lo más importante, que sus intenciones no son negativas sino todo lo contrario; vienen de mucha ignorancia e inocencia. Cambiando la perspectiva nos darán más ganas de ayudar y así veremos la opción de cómo le facilito lograr el objetivo en su desarrollo y cómo cambio mi forma de ver la situación para enfocarme en lo útil y en lo que construye.

Reconoce la inocencia e ignorancia para que sea más fácil acercarte.

6

Corrigiendo las conductas

El problema y saber elegir

Vamos a retomar dos elementos que vimos con anterioridad «saber elegir» y entender el concepto de corregir en base al amor incondicional que nos dice: *Corrige la conducta sin lastimar: El problema es la conducta no nuestro hijo, no nuestra hija.*

Rechaza la conducta, acepta y apoya a tu hija,
a tu hijo = amor incondicional

Michael White, autor y trabajador social australiano, y David Epston, antropólogo canadiense y residente Neo Zelandés, fueron los creadores y fundadores de la terapia Narrativa, que tiene como base el respeto y toda la atención puesta en la historia alternativa a la que nos contamos siempre, la cual está centrada, principalmente, en el problema.

Es a través de la mirada de esta teoría que me quedó muy claro lo importante que es buscar la otra historia para cambiar la perspectiva y poder centrarnos en la historia que sí es la solución. Igualmente centrarnos en las fortalezas y en cómo vamos construyendo los significados en la relación y con la conversación.

Desde su teoría, buscan diferenciar a la persona del problema, para que la persona pueda tener un papel más activo en su trabajo terapéutico, ya que, con las técnicas narrativas y con las preguntas, se permite ver de frente al problema, sin juzgar la identidad, ni volverse el problema. No es el niño grosero, ni la niña insoportable o rebelde.

Sustantivamos la conducta y podemos hablar de «la mala conducta» como un sustantivo aparte de la persona. Podemos así, con mayor neutralidad, observar sus efectos en nuestra relación, en nuestra vida y podemos permitirnos cambiar y transformarnos desde un lugar más cómodo. Podemos así, abandonar perspectivas disfuncionales que obstaculizan nuestras relaciones.

¿Cómo tratamos a otros cuando somos prisioneros de *la mala conducta*? ¿Cómo nos tratan las demás personas o nos perciben cuando estamos bajo el efecto del *mal comportamiento*? ¿Qué dice de mí estar bajo los efectos de *la mala conducta*?

Usar esta técnica nos permite seguir viendo a la persona con su lado humano y nos acerca a la conducta que hay que corregir, para señalarla y atenderla, y así seguir madurando y tomando elecciones más atinadas.

Un ejemplo de esta técnica con los adolescentes es la siguiente situación:

Imagina a tu hija de 15 años organizando una pijamada, alrededor de las 11:15 de la noche se despiden porque ya se van al cuarto a dormir. A las 12:30 se escuchan voces y risas y tú sales de tu cuarto para encontrarte a tu hija con una botella de agua en la mano, cuando le preguntas a dónde va, te contesta que a la cocina, sin embargo tu olfateas y te das cuenta que huele fuerte a alcohol.

Preguntas qué está tomando y te muestra una botella de agua con líquido transparente hasta la mitad, y te contesta «agua». Claramente sabes que hay una mentira, y, como ya sabes que lo ideal es cambiar la perspectiva y en lugar de ver una hija mentirosa, que sabes que usó la mentira porque tiene miedo del regaño y de las consecuencias que pueden venir, solo ves a tu hija con una conducta.

Es en este momento cuando utilizas sustantivar la conducta para que le puedas decir alguna de estas opciones:

- *Observó que te está ganando «la mentira».*
- *Observo que estás eligiendo dejar que te atrapen «las ganas de mentir».*
- *Ya me estoy dando cuenta que te volviste prisionera del miedo y estás eligiendo el camino de la mentira para salvarte el pellejo y que yo no te regañe.*
- *Me doy cuenta que te está ganando el duende de las mentiras y, si es así, va a ocasionar que se destruya la confianza entre nosotros.*

Frases como estas nos ayudan a señalar y corregir la conducta inadecuada y al mismo tiempo hacen que tengamos una actitud de respeto con nuestra hija.

Cada vez que presento un ejemplo así en los talleres, las mamás y papás se asombran y expresan el desacuerdo de mostrar una actitud de respeto cuando claramente de parte de la hija, o del hijo, no hay tal. Claramente la hija del ejemplo no está respetando las reglas de la casa. Y aquí es cuando realmente hablamos de auto-regulación. Cuando elegimos practicar la auto-regulación o «Agencia de responsabilidad» es en las situaciones de crisis, porque ahí es cuando realmente se requiere ser congruente con nuestros valores. Cuando nos enojamos es cuando perdemos el control y cuando reaccionamos con el área del cerebro reptil sin pensar, con enojo y/o agresión.

La idea es justo actuar auto-regulándonos para que seamos esos adultos que enseñan con el ejemplo y con coherencia, es decir, alineando mente, cuerpo, emociones y valores (espacio espiritual) para responder de manera óptima y asertiva.

Cuando tenemos que practicar la auto-regulación es cuando menos ganas dan de hacerlo, pero es cuando la situación requiere que una de las dos personas esté en balance, con la cabeza en su lugar, para pensar de manera óptima y con todos los recursos del pensamiento dispuestos para resolver la situación.

Aquí observamos que utilizamos la herramienta de auto-regulación aceptación de la realidad, cambiar la perspectiva de construir sobre destruir y cambiar la perspectiva de encontrar el área de aprendizaje viendo, y entendiendo, las ganas de divertirse, de conectar con sus amigas y de pasarla bien, sin medir consecuencias.

Hay una mala elección en haber roto la regla de tomar alcohol a escondidas, y de llevarlo de incógnito en una botella de agua a su cuarto. Habiendo encontrado esto como la elección que falló, está el terreno claro de en dónde hay que trabajar para desarrollar una mejor toma de decisiones.

Igualmente se deben aplicar las consecuencias directas de la conducta, siempre ligadas a la misma, para que ayudemos a que se dé el aprendizaje.

Queda claro también que, para un adolescente, el área de curiosidad es experimentar con el alcohol, tomando y buscando obtener el efecto divertido que puede generar cuando te quita los filtros sociales y del deber ser. Es justo esta, la edad en la que quieren experimentar con esas conductas.

El entenderlo no hace que les demos el permiso necesariamente, pero puede generar que tengamos conversaciones al respecto y que los vayamos acercando a la conducta de beber alcohol siempre y cuando se vayan acercando a conductas de responsabilidad, auto-cuidado y auto-regulación emocional. Cuando podemos darles una probadita de cerveza o vino, cuando vemos que cumplen, que se muestran responsables con lo que tiene que cumplir del colegio, cuando tratan con amabilidad y respeto a sus hermanos, a sus hermanas y mayores, cuando muestran una comunicación educada y respetuosa con sus padres, etcétera. Estas son las conductas que nos pueden llevar a permitir que prueben estando con nosotros para que esa curiosidad quede satisfecha.

El tema de la sexualidad viene en un capítulo especial porque es un tema que como madre o padre nos preocupa mucho. Sobre el tema del alcohol, mencionamos algunas condiciones que se sugieren cuando la familia está de acuerdo en que los hijos y las hijas lo prueben con ellos. Existen familias que deciden no permitirlo hasta la mayoría de edad y lo importante es que seamos congruentes con los valores que queremos transmitir en la familia y en base a eso, serán las reglas que se vayan poniendo. Aquí tan solo hay sugerencias de acuerdos sobre los distintos temas que más preocupan en esta edad para que los puedan utilizar como recursos.

Regresando al tema de las elecciones y conducta a corregir, vamos a enumerar algunos ejemplos más para que quede claro cómo referirnos a la conducta que queremos corregir.

Mi hijo no se levanta a la hora correcta —*Te volviste prisionero de la flojera o la impuntualidad.*

Mi hija contesta sin pensar de manera agresiva —*Te ganó la impulsividad y te robó esa actitud amable que normalmente tienes.*

Mi hijo pierde su cartera —*Te gano la distracción y te quedaste sin dinero.*

Mi hija se levanta con tanto sueño que tiene cara de pocos amigos y no habla con nadie- *Te atrapó el mal humor y secuestró a mi hija.*

Me llaman del colegio porque mi adolescente falsificó mi firma- *Te ganó el ingenio del delincuente y no te dejó ver las consecuencias de esa acción.*

Estos son algunos ejemplos que nos pueden ayudar a empezar la conversación para corregir la conducta. Igualmente nos ayudan a entender porque sí es adecuada o no la elección que se tomó. El que lo hablemos de esta manera no quiere decir que no mostremos enojo, sino que hay un interés en el espacio de aprendizaje que buscamos dar a nuestros adolescentes. La prioridad es que, de cada error, se pueda sacar una experiencia que enriquezca su vida, para que cada vez, las decisiones que tomen sean más atinadas e incluyan medir las consecuencias.

Elecciones vs instrucciones

Ahora vamos a revisar porqué es tan importante centrarnos en *elegir*. Cuando tomamos decisiones, hay un análisis previo acerca de lo que se nos presenta. Antes de elegir tuvimos que haber analizado, descartado y observado características de la opción 1 sobre la opción 2. Para hacer esto, tenemos que desarrollar nuestra capacidad para discernir, habilidad que está basada en saber diferenciar.

Cuando hablamos de reconocer diferencias podemos observar que este es un trabajo 100 % de la persona que está por decidir. Y al decidir observamos que suceden dos cosas: una es que se muestra un compromiso por la opción que se toma. La otra es que la elección es una decisión que se hace de manera individual porque se toma desde la voluntad de cada uno. A pesar de elegir lo que alguien más nos sugiere, al final cada uno elegimos la opción que pensamos mejor, aunque sea ir con la voz de otro u otra.

Lo contrario sucede cuando obedecemos y seguimos instrucciones. Dependemos de lo que la otra persona nos indique que debemos de hacer. Esto no nos compromete de la misma manera. Cuando la elección es nuestra, lleva una dosis de responsabilidad y compromiso. Cuando seguimos el mandato de alguien más no es nuestra responsabilidad la elección, únicamente el desempeño de la instrucción.

Esta es la diferencia de promover que nuestros adolescentes sean capaces de elegir. Estaremos buscando que fortalezcan su voluntad, que se comprometan con lo que eligen y que utilicen su capacidad de diferenciar, ya que esta es una función del área que está en proceso de madurar en su cerebro. Estarán estimulando la parte de la corteza pre-frontal y de la función ejecutiva que es el área que se requiere que madure y se conecte para tomar mejores decisiones y tener un freno potente para las conductas de riesgo.

Obedecer no genera las habilidades de madurez de un individuo que piensa, reflexiona, diferencia y mide riesgos. Al permitir que nuestros adolescentes desarrollen más su capacidad de elegir que de obedecer, los estamos dotando de una mayor capacidad de madurar, ser autónomos e independientes. Además de permitirles sentir que confiamos en ellos porque creemos que son capaces de tomar sus propias decisiones, les hacemos ver que validamos su inteligencia y autonomía. Pues alguien a quien le permitimos elegir se percibe como un individuo aparte de sus padres a quien le dan un lugar por su razonamiento y opinión.

Si te fijas, permitir que los adolescentes elijan, incluye muchos beneficios para ellos, para ellas y para nosotros los padres si pensamos que se van a convertir en adultos que sabrán hacer elecciones atinadas y bien pensadas gracias a que, en sus años adolescentes, aprendieron de sus errores y se volvieron muy buenos en tomar decisiones.

Por otro lado, cada vez que nosotros corregimos una conducta centrada en la decisión que tomaron, nos abre el espacio para analizar el antes, durante y después de la decisión. Esto les permite a nuestros adolescentes mirar con curiosidad e interés en dónde se encuentra esa parte que falló y que se puede corregir para la próxima ocasión.

Aquí otro ejemplo. Cuando hablamos de un caso en el que nuestro hijo regresa borracho de una reunión a los 15 años, el escenario se vería de esta manera:

Cuando le recibo es inútil hablar con él porque no está en sus 5 sentidos. Es importante que, cuando vaya a tener una conversación con mi adolescente, tome en cuenta todas las circunstancias que puedo controlar para promover que haya escucha de su parte y así mi mensaje pueda llegar de manera más clara. Si está tomado, si lo levantó temprano en la mañana cuando sus funciones mentales no están al 100, tampoco me va a escuchar con toda su atención. Lo ideal es que, a la mañana siguiente, cuando yo haya descansado y él también, le pida que conversemos acerca de lo que pasó.

Primero me debo centrar en lo que pasó antes de la reunión, en los detalles como si había comido, estaba cansado, enojado, enamorado, etcétera. Revisar esto nos puede llevar a detectar qué factores pudieron haber interferido en la toma de decisión tan desafortunada que tuvo.

Podemos encontrar que no comió, que está muy eufórico o nervioso porque iba alguien que le gustaba. Revisar su estado físico, emocional o mental, ayuda a que nos demos cuenta cuál es el mejor estado para tomar decisiones atinadas. Después se revisa el proceso medio para saber si lo que lo puso mal fue que tomó de la botella directo por querer ganarse la admiración del resto de sus amigos. Ahí es el momento de señalarle lo frágil que puede ser su salud si pone primero las ganas de hacer reír a sus amigos y amigas o de mostrar que es el «más fregón» del grupo.

Después de detectar el factor emocional que lo llevó a esa elección, hay que revisar cómo se fue afectando su juicio para ir decidiendo después de eso.

Hacer este ejercicio con los hijos e hijas adolescentes lleva tiempo, pero será una gran oportunidad para cambiar el rumbo y fortalecer esta habilidad que afecta la vida de toda la familia y que poco tiempo le invertimos los padres a hablar de lo importante que es, saber decidir.

Resumiendo: Para corregir y conservar la autoestima de nuestros adolescentes, hay que centrarnos en elecciones y en *sustantivar* las conductas.

7

Empatía, confianza y amor

Cuando criticas a tu hijo, él no deja de amarte.
Él deja de amarse a sí mismo.

El piso firme de la relación

Un día, un par de alumnos de 6to grado llegaron molestos y agitados a mi oficina, compartiendo que otro alumno había escrito «cosas muy groseras de una mamá». Me mostraron el mensaje y al leerlo, la parte de mi estómago que conecta con el miedo, sintió el pinchazo cuando imaginé a los papás del alumno que lo escribió enterándose de esto. Igualmente se hizo más intenso cuando pensé en la mamá del otro alumno leyendo lo que mis ojos veían.

Pensé en los posibles escenarios si no los acompañaba para que pudieran resolver la situación. Me preocupaba que por la impulsividad de la adolescencia pudieran reaccionar, como muchos chavos lo hacen, a través de los golpes.

Al ver a Erick, el autor del mensaje, parado en el cristal, junto a la puerta de mi oficina, decidí tomar una respiración, mirarlo con curiosidad neutral para tratar de descifrar cómo se estaba sintiendo, y entonces abrí la puerta invitándolo a pasar. Claramente se veía avergonzado, yo recibí su mirada y busqué transmitirle la intención de comunicarle que estaba con él en esto. Le sonreí dándole un suave apretón en el brazo, y le pedí que se sentara. En cuanto sintió el apretón y leyó mi sonrisa, lo primero que hizo fue pedirme una disculpa que llevaba el corazón en las palabras que salían de su boca. Lo escuché y asentí, en señal de «aquí estoy contigo». Le pregunté cómo se sentía con lo que había pasado y me contestó con todo el lenguaje corporal alineado a su sentir, —*mal y muy avergonzado.* Me conecté con su vergüenza y sentimientos de dolor y decepción a través de la empatía.

La empatía se va a convertir en una herramienta muy poderosa que no olvidarás si comienzas a usarla y observas el poder que tiene. La forma más sencilla de explicar cómo hacer empatía es retomando lo que comparte la Dra. Becky Bailey, autora de los libros *Disciplina consciente y Edúquelos con amor.* Ella nos comparte que, para generar empatía, podemos seguir estos pasos: Describir lo que observas, repetir lo que escuchas y conectarlo con lo que crees que siente el otro.

Por lo tanto, tomando el ejemplo, para generar empatía podría escucharse así:

YO: *Erick te sientes tan avergonzado que tu mirada se queda fija, viendo al piso. ¿Es mucho dolor y decepción lo que estás sintiendo?*

Erick: *Es que me duele mucho decepcionar a mis papás, soy un idiota, es que no pensé…. Y qué vergüenza con la mamá de Sebastián… Ellos siempre me reciben en su casa, pero qué imbécil soy.*

YO: *¿Sientes que estás fallando a tus papás y a los papás de Sebas?*

Erick: *Sí, es que te lo juro que no pensé, no pensé cuando estaba escribiendo…*

Yo: *¿Te estás dando cuenta que te faltó pensar en las consecuencias y quisieras retroceder el tiempo para poder pensar y actuar distinto?*

En esta conversación observamos que se le permite a Erick sentir todas aquellas emociones que son producto de sus acciones y decisiones. No tuve que intervenir para enseñarle la lección a base de regaños ni sermones. Usé la empatía.

1. Describiendo lo que sucedía con su lenguaje corporal.
2. Parafraseando su silencio, ya que en un principio no había dialogo que pudiera repetir.
3. Compartiendo lo que yo suponía que estaba sintiendo al ponerme en su lugar.

Y, al elegir esta opción, permití que se creara un espacio con confianza para que se pudiera expresar y supiera que lo estaba escuchando. Con empatía, para que pudiera sentirse acompañado y con certeza de que alguien más podría sumar para resolver su problema o, por lo menos, escucharlo. Y con amor, porque creía en su mejor versión.

A pesar de estar enfrentando una faceta en la que su conducta parecía la de un chavo «grosero, irrespetuoso y mal educado», tenía la intención de creer en el potencial de su lado humano.

Y lo que pude ver como resultado de esto, fue que enfrentó la vergüenza y el miedo a la decepción y habló con sus papás. Se disculpó con la mamá del amigo, aunque se le cayera la cara de culpa y de vergüenza. También me agradeció que lo hubiera acompañado en el proceso.

Como adultos, muchas veces no tenemos que mover ni un dedo para que vivan el resultado de sus actos, únicamente debemos de permitir que vivan las consecuencias directas. Si permitimos que los adolescentes experimenten esas consecuencias ligadas a sus decisiones, la gran mayoría de las veces no tenemos ni que quebrarnos la cabeza para encontrar castigos. Una buena conversación que incluya confianza, empatía y amor, más un proceso de reflexión, lleva, del cerebro reptil al cerebro evolucionado.

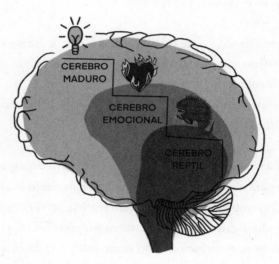

CONVERSACIÓN DESDE EL CEREBRO MADURO

Al ser un adulto responsable de la formación de adolescentes, estaba consciente de la gran oportunidad que se abría frente a mí. Este conflicto por el cual tenía a Erick en mi oficina, podría ser de los que marcan la vida de un ser humano para bien o para mal y por esa razón elegí: **construir en lugar de destruir.**

Opté por el camino del aprendizaje sobre la opción del castigo, el juicio, la amenaza, el temor y la humillación. Me enfoqué en las columnas de la responsabilidad: Voluntad y habilidad, pensando ¿qué habilidad le faltó para ser responsable de su comunicación?

Elegí hablarle acerca de cómo se puede resolver un conflicto a partir de reconocer lo que no está alineado con sus valores y lo que se quiere del mundo. Tocando temas como:

- Riesgos de las redes sociales.
- Comunicación asertiva.
- Emociones como el enojo limpio y sucio.
- Saber pedir una disculpa que transforme y alivie.

Realmente lo que había frente a mí era una gran oportunidad y decidí aprovecharla.

Antes que nada, trabajé en mi auto-regulación; lo primero que hice fue detener esa voz que viene de la vieja escuela que tiende a juzgar, a asustarse y a querer castigar. En lugar de gritos y mandar llamar a su papá y a su mamá, tomé el otro camino. Me di la instrucción de encontrar la inocencia y el espacio de aprendizaje.

La primera herramienta que uso después de estos primeros pasos, es «la empatía». Este concepto que todos hemos escuchado y que algunos conocemos mejor que otros, pero que es muy útil para poder entender el sentir de la otra persona y así poder conectar. La empatía, como ya vimos, es básicamente sintonizar la misma estación de radio para saber lo que escuchan, en este caso, la música es su sentir y su pensar. Si yo me conecto con la frecuencia de mi adolescente puedo entender, dialogar y llegar a ciertos acuerdos que beneficien la solución del conflicto. Tengo un doble papel de acompañamiento. Estar a cargo de mi pensar y sentir, para después escuchar el suyo bajo el entendido que será diferente en la mayoría de las ocasiones.

Trabajar desde la empatía con los adolescentes, en circunstancias difíciles, nos garantiza que perciban que hay entendimiento y cercanía de nuestra parte. Ya sabemos que hay que corregir la conducta sin necesidad de alejarnos de nuestros hijos, hijas, alumnos y alumnas. Así que usemos la empatía como herramienta de conexión.

Otra de las noblezas de esta herramienta es que permite que las emociones fluyan. La gran mayoría de los papás y mamás, aprendimos que no se tenía que expresar la vergüenza, la decepción, el dolor, la tristeza, etc. Cuando un adolescente fallaba se sabía que lo recomendable era corregirlo con algo que le doliera para que aprendiera la lección. La empatía funciona porque está basada en un principio de física de cuando se encuentran dos fuerzas. La fuerza y la resistencia.

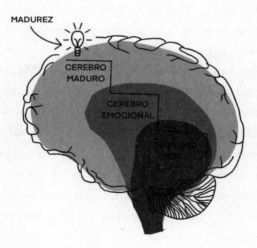

EN ESTA IMAGEN OBSERVAMOS CÓMO A TRAVÉS DE LA EMPATÍA Y REFLEXIÓN SE PRACTICA LA MADUREZ

En la siguiente imagen observamos el choque que se da cuando resistimos a la fuerza de una emoción que busca expresarse.

FUERZA / RESISTENCIA

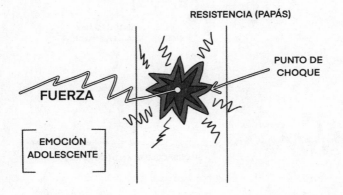

En la imagen inferior observamos que es tan fuerte el golpe, que la fuerza se guarda en el interior del cuerpo, generando una bomba de tiempo emocional.

CONTENCIÓN EMOCIONAL

En la imagen de la siguiente página observamos la fuerza a punto de coalición y la resistencia convirtiéndose en aceptación para permitir que fluya la emoción que busca expresarse. Con esto, se disminuye la probabilidad de choque porque ya fue comunicado y visto lo que se tenía que sentir.

ACEPTACIÓN DE LA EMOCIÓN
(E, E, E)

CON EMPATÍA NO HAY
RESISTENCIA A LA EMOCIÓN

FLEXIBLE \ ENTENDIMIENTO \ ESCUCHA \ EMPATÍA

PIERDE FUERZA

SE DESACELERA Y NO HAY CHOQUE

**ESTA IMAGEN MUESTRA CÓMO A TRAVÉS DE DAR PERMISO PARA
SENTIR BUSCANDO ENTENDER, ESCUCHAR Y EMPATIZAR.
EL CONFLICTO NO SE VUELVE UN CHOQUE SINO UN ESPACIO
DE DESAHOGO GUIADO Y CONTENCIÓN**

Aquí, también vemos cómo la aceptación permite el alivio de la descarga emocional y, eso, le permite al cerebro fluir desde un espacio más maduro e inteligente para razonar. Salimos de la amígdala y cerebro reptil para pasar a la corteza pre-frontal y usar funciones más avanzadas del pensamiento. Aquí ya no hubo un choque ni tampoco se guardó esa energía emocional que vemos en la imagen de contención emocional, donde tuvo que contenerse en el cuerpo del adolescente porque no tuvo oportunidad de expresarlo.

Como vemos, la empatía libera las emociones. Nos ayuda a mostrar ACEPTACIÓN de lo que el adolescente siente y, esto, nos permite cambiar el ambiente del conflicto a uno menos tenso en el que puede fluir mejor una conversación.

Por ejemplo, lo que ese día sucedió en mi oficina. Tuve la intención de encontrarme con la inocencia, la ignorancia y la poca habilidad que tiene un cerebro adolescente, inmaduro y lleno de emocionalidad y hormonas en erupción, para convertirlo en un espacio de acompañamiento y aprendizaje.

Lo primero que tenemos que hacer en un problema o crisis, es auto-regularnos y después, si no recordamos ninguna herramienta más, hay que mostrar empatía.

Aquí te dejo esta imagen con los pasos a seguir en caso de emergencia, para que le tomes una foto y la traigas en tu celular para practicarlos.

FÓRMULA DE LA EMPATÍA

**DESCRIBIÓ LO
QUE OBSERVÓ**

**REPITO LO QUE
ESCUCHO**

**LO CONECTO CON LO
QUE EL OTRO SIENTE**

1. DESCRIBE LO QUE OBSERVAS
2. REPITE O PARAFRASEA LO QUE ESCUCHAS
3. CONÉCTALO CON LO QUE INTUYES QUE SIENTE

Para practicar la empatía lo único que tienes que hacer es pensar en las distintas situaciones de la adolescencia y seguir los 3 puntos anteriores en el orden que te parezca para lograr conectar, aceptar y permitir que tu adolescente exprese la emoción que genera tensión entre ustedes.

¿Qué podría suceder? Que tu adolescente esté tan lleno de emociones no expresadas que, en un principio, pueda abrirse una llave que parezca no tener final. Esto sucede en casos en donde hemos sido más autoritarios y no permitimos que la emoción se exprese cuando es distinta a lo que pensamos nosotros que es correcto. Si nuestros hijos e hijas, se encuentran frente a la oportunidad de expresar lo que sienten cuando antes no lo habían podido hacer, es como abrir la compuerta de una presa, saldrá demasiada emoción que, si no estamos preparados para saberla manejar, puede destaparse una sensación de mucho caos en la familia.

Te comparto aquí algunos ejemplos para practicar la empatía:

Ejemplo 1

Adolescente: *Odio mi vida, no tiene sentido vivir.*

Empatía: *¿La estás pasando tan mal que hasta la vida pierde sentido?*

Adolescente: *Claro, si me tienen aquí encerrado sin poder hacer nada, ¿quién quiere vivir así?*

Empatía: *Odias estar encerrado, lo odias tanto que se te quitan las ganas de vivir. Eso te hace estar muy frustrado, muy frustrada… qué mal, estoy captando lo mal que la estás pasando.*

Adolescente: *¡Claro! Mis mejores años los estoy pasando encerrado en mi casa, ¿tú crees que eso es justo?*

Empatía: *Estás sintiendo que estos son los mejores años de tu vida y como si estuvieras en una cárcel, ¡uff!, no lo había visto así, qué duro.*

Adolescente: *Sí y todavía me castigas con todo que está pasando.*

Empatía: *O sea que el castigo vino a detonarte más enojo y más frustración con lo que ya sentías. Así que también debo de estar en tu lista de cosas odiadas por el castigo, ¿verdad? Qué mal la estás pasando amor.*

Ejemplo 2

Adolescente: *Este estúpido maestro me odia, leyó mi calificación en frente de todos.*

Empatía: *¿Cuando el profesor dijo tu calificación frente a todos te dio muchísimo coraje?*

Adolescente: *Claro es un idiota, nos tendrían que respetar.*

Empatía: *Sentiste cero respeto de su parte cuando observaste que lo dijo frente a todos.*

Adolescente: *Obvio, seguro me odia y se puso feliz de que reprobara el examen.*

Empatía: *Así que crees que su nivel de odio es tanto que hasta se alegra de tu reprobada.*

Adolescente: *¡Sí!, seguro me odia, no me dejó entregarle el trabajo un día después. Claro que me odia.*

Empatía: *Te afectó mucho que no te dejará entregar el trabajo un día tarde.*

Ejemplo 3

Adolescente: *No tengo nada que ponerme para la fiesta.*

Empatía: *¿No encuentras nada que te guste?*

Adolescente: *De verdad no tengo nada, nada me queda.*

Empatía: *Quisieras encontrar algo que te guste 100% y nomás no lo logras.*

Adolescente: *Nada, además me salió un grano a la mitad de la cara, me quiero morir.*

Empatía: *O sea que el grano vino a sumar destrucción a tu día, no hay ropa y si hay un grano de terror, eso sí se escucha trágico, amor.*

En estos ejemplos lo que podemos ver es que permitimos la expresión de su emoción, aceptamos cómo se sienten a pesar de que podamos no estar de acuerdo. Justo de eso se trata la empatía, de liberar y de dejar libre el espacio de la tensión emocional para lograr una reflexión y cambio de actitud.

Una vez que los adolescentes se sienten escuchados lo natural será que empiecen a moverse de lugar para buscar la solución o tomar acción de algo distinto. El problema es que muchas veces los padres aplicamos la GUILLOTINA EMOCIONAL. Les cortamos de tajo la opción de expresarse por qué creemos que es absurdo quejarse por una razón así. Lo grave de esto es que no vemos que con esa acción los mandamos directo con sus pares porque ellas y ellos sí, serán capaces de escuchar, de validar su sentir y de ser el espacio de alivio y de comprensión.

Cuando hemos hecho suficiente empatía vienen las opciones de cómo se resuelven las situaciones. Usando los mismos ejemplos, la conversación se vería más o menos así:

Ejemplo 1 «Odio mi vida»
Adolescente. *Si tan solo me dejarás salir por lo menos a hacer ejercicio a casa de Juan, no a una fiesta ni a una reunión, pero algo tan siquiera.*

Empatía: *¿Lo que quieres es ver por lo menos a un amigo y estás dispuesto a que no sea en fiestas grandes ni reuniones?*

Adolescente: *Sí, aunque sea eso por lo menos.*

Ejemplo 2 «Me odia el profesor»

Adolescente: *Seguro que si lo busco no me va a querer ni recibir, seguro se está riendo de mí.*

Empatía: *¿Piensas que no te va a recibir si intentas hablar con él?*

Adolescente: *Todos dicen que es necio y que no ayuda a nadie.*

Empatía: *O sea que ves casi imposible que te reciba, y escuchas por todos lados que prácticamente no deberías ni intentar buscarlo porque es caso perdido.*

Adolescente: *Pues eso dicen todos.*

Empatía: *Si eso has escuchado de todos, ¿prefieres no intentarlo porque sientes que te va a batear?*

Adolescente: *Pues sí, y si ya reprobé pues igual le mando un correo y hago el último intento. (Opción 2) Pues ya total si ya reprobé pues mejor intento algo distinto el próximo bimestre.*

Ejemplo 3 «No tengo nada que ponerme»

Adolescente: *Que horror, odio mi vida, y además «X» iba a ir a la fiesta.*

Empatía: *Si «X» va a estar en la fiesta seguro sí tenías muchas ganas de ir.*

Adolescente: *¡Sí!, esto es una tragedia.*

Empatía: *Una verdadera tragedia, sin algo que ponerte, con ganas de ver a «X» y con un grano…. Puff.*

Adolescente: Bueno ya... pues creo que voy a aplicar el me pongo puro negro, ¿tienes algo para tapar el grano? O se me ocurre que puedo pedirle algo a «Y» para que me preste.

Cuando aplicamos empatía y no nos movemos de los puntos mencionados, la intensidad emocional baja y se puede resolver mejor el conflicto. La mayoría de las relaciones que no tienen resentimiento en un par de minutos (no más de 15), encuentran una salida o una solución. Cuando ya se fue bajando la intensidad emocional también se puede hacer la siguiente pregunta:

—*¿Hay algo que pueda hacer por ti?*

Y también se puede decir lo siguiente:

—*No puedo solucionar «xyz», pero ¿podría ayudarte un abrazo o que lloremos juntos, juntas?*

Generalmente una emoción tarda de 90 segundo a 3 minutos para liberarse, si no traemos pendientes emocionales atrasados con esa persona. Y cuando nuestros adolescentes sienten que los escuchamos y que aceptamos su sentir, viene un alivio natural, aunque la situación no se resuelva. Cierra la conversación ofreciéndole un vaso de agua, hacerse un té o con un abrazo cálido en donde le digas que, por más trágico que sea el asunto, *«Aquí estoy.»*

Lo que comunicamos con la fórmula de la empatía es aceptación y validación de sus sentimientos. Y recuerda que, lo que los adolescentes más necesitan de su papá y mamá es la consistencia de que estamos ahí cuando les cambia el cuerpo, la piel, los amigos y amigas, la mentalidad, los intereses, las emociones, y sus propios grupos de pertenencia.

La etapa de la adolescencia decimos que nos pone a prueba porque llega a ser tan cansada y a veces tan frustrante y dolorosa, que existe el deseo de tirar la toalla y contestar con la vieja escuela con elementos como la chancla, la nalgada, el castigo desmedido o el grito de «*Desaparece de mi vista*». Y es en esos momentos en los que hay que recordarnos que en la relación con nuestros hijos y con nuestras hijas, afortunadamente hay alguien adulto y ese alguien, eres tú.

Cuando se dan cuenta que sigues estando ahí, lo que sienten es la confianza de que cuentan contigo y comprueban lo que tantas veces les has dicho: «*Voy a estar ahí para ti*».

Darles confianza a los adolescentes, es una labor tan necesaria como la propia alimentación. Que crezcan sabiendo que los creemos capaces, es sumamente importante para que se lo crean. Si además se los decimos con una sonrisa, el efecto es mayor.

Aquí hay algunas frases que transmiten el mensaje:

Sé que lo harás muy bien.

Sé que todo te saldrá bien.

Ve con todo, sé que lo lograrás.

A triunfar campeón, campeona, que a mí ya me tienes ganado.

Con estas, lo que les estamos comunicando es que hay confianza y que podemos darnos el lujo de dejarlos ir a ese evento, actividad, prueba, reto o examen. Cuando les decimos una frase así después de alguna conversación en la que algo salió mal, vale la pena terminar diciendo:

Y sé que la próxima vez, será mejor.

De esta manera se desarrolló la última conversación con Erick ese día en mi oficina. Terminé diciendo «*Estoy segura que la próxima vez tendrás una mejor comunicación. Confío 100% en que así lo harás*». Pude observar cómo, a través de los años, hasta llegar a su graduación, supo ser un alumno que se comunicó con cuidado, con respeto y hasta fue votado para dar un discurso para su generación.

Cuando les transmitimos confianza a los chavos y a las chavas, sucede algo mágico, se comprometen. Es muy fácil que un adolescente se enoje y ponga distancia, quitándonos su interés y su atención. Lo más sencillo es enojarte con alguien que te trata mal, lo difícil es enojarte con alguien que te trata con amabilidad y que te demuestra que le importas. Te voy a hacer la siguiente pregunta que siempre hago en mis talleres y nos ayuda a entender por qué es mejor opción cuidar el vínculo, usar comunicación basada en respeto y amabilidad que no hacerlo:

¿A quién te es más fácil fallarle?

Respuesta1 —A una persona que es amable, que siempre está ahí para ti, que te acompaña, te comprende, te anima y siempre busca lo mejor para ti.

Respuesta 2 —A una persona que te acaba de gritar, que con sus palabras te hirió, y de la cual terminas pensando que no te quiere.

¿Con quién sientes más nivel de compromiso?

Y, como siempre me contestan en los talleres, en efecto, el mayor compromiso se siente con la persona que te trata bien y es linda contigo. Es muy sencillo fallarle a alguien con quien no tienes empatía y con quien estás molesto o dolido por algún castigo o un mal rato pasado. No existe el interés por cuidar la relación con alguien así, pues se encuentra muy desgastada.

Cuando caemos en este punto, nos sucede lo que en la psicología llamamos «la desesperanza aprendida». Es cuando sabes que, hagas lo que hagas, las cosas no se van a arreglar y te rindes y tiras la toalla. Dejas de luchar y dejas de esperar. Si nuestros adolescentes ya están en ese punto, habrán perdido el interés por rescatar la relación y van a mostrar conductas de rebeldía e indiferencia.

Cuando se llega a esto, la única manera de rescatar la relación es a través del vínculo y la conexión. Esto se logra con tiempo de calidad, combinado con brindar el espacio para escuchar el sentir de lo que han guardado tanto tiempo. ¿Cómo abrir ese espacio? Realizando actividades en conjunto como juegos de mesa, deportes, escuchar música, hacer una nueva *playlist*, caminar, armar o construir algo, etcétera. Y, por otro lado, preguntando y escuchando con curiosidad para entender el sentir del otro.

Es importante escuchar con atención para lograr un entendimiento de aquellas cosas que me está transmitiendo mi adolescente. Si noto que no soy la persona de más confianza, la señal que recibo de eso, es que tengo que trabajar con mayor cercanía.

La confianza se recupera con acciones dirigidas a:

- Encargarte de tu propio enojo. (No hagamos responsables a nuestros hijos e hijas de nuestra frustración, miedo y decepción).
- Escuchar con aceptación. (Ellos están preparados para el grito, castigo, amenaza, cambiémoslo por transparencia y vulnerabilidad).
- Dejarles elegir.
- Dar el espacio para que hagan cosas por sí mismas, por sí mismos.
- Permitir un espacio para el error y un espacio para el perdón.
- Preguntar qué aprendieron de lo que pasó.
- Recordar hablar de la conducta y no de la persona.
- Compartir tiempo juntos después de haber pasado por el mal trago del enojo, regaño o decepción.

Es recomendable que, una vez que estés lista, listo, para reconectar la mirada en un espacio más pacífico, des una señal como la siguiente: «*Yo ya estoy tranquila, yo ya estoy tranquilo. ¿Te puedo dar un abrazo?*»

Una señal de que tu adolescente ya se reconectó y está listo para poder conversar, es que podrá encontrar su mirada con la tuya. Si de ese intercambio de miradas aparece una sonrisa el asunto está aliviado.

Si tu adolescente aprende a ver que tú también te abres, eso, le dará confianza. Aquí hay algunas reflexiones que pueden ayudarte a revisar lo que realmente está generando que tengas el estado de ánimo que tienes. Explora las siguientes frases para ti:

- Lo que me da miedo de esta situación es _____ _____.

- Usando honestidad profunda lo que me enojó de este incidente fue _____.

- Siento que no tengo el control de _____ y eso pone en riesgo _____ (que es valioso para mí).

- Lo que me preocupa que te suceda es _____ _____.

- Todo esto se contrapone con lo que espero para ti porque lo que más quiero en esta vida es verte _____ _____. (Si dices exitoso, exitosa, describe la imagen de éxito que tienes para tu adolescente. Si dices feliz, realizado... lo mismo, cubriendo aspectos como: relaciones, estado emocional y todo lo que crees que le hará feliz).

Después de haber elaborado estas frases para ti, es recomendable que compartas lo que salió de esta auto-exploración. Mostrar tu vulnerabilidad es acercarte a tu lado humano y sensible, ese con el que te relacionas de manera más directa con el corazón de alguien más. Piensa qué es lo que hace que te sientas cerca de una persona. Notarás que es justo, cuando comienzas a encontrar puntos de conexión que son similares y cuando eliges compartir un sentimiento, una experiencia, un secreto o alguna intimidad con alguien, que el vínculo se hace más profundo y te sientes más unido a esa persona. Esto mismo pasará contigo y tu adolescente.

Cuando hayas completado las frases que leíste hace unas líneas, te darás cuenta que al final, lo que toda mamá y todo papá queremos, es que nuestros hijos e hijas sean exitosos en la vida, para lograr algunas de las siguientes metas:

- Para tener relaciones en donde los acepten, los amen y se preocupen por ellos.
- Para que aporten a su comunidad y a su mundo.
- Para que encuentren su sentido y los valores con los que quieren vivir su vida.
- Para que disfruten la vida y las cosas divertidas y entretenidas que esta tiene.
- Para que puedan ser independientes y cubrir sus necesidades.
- Para que hagan cosas que les produzcan placer.
- Para que elijan una profesión o trabajo que los mantenga y que puedan disfrutar y aprender en él.
- Para que se tengan amor propio y confianza cuando venga una crisis.
- Para que se puedan rodear de personas valiosas que sumen a su vida, se respeten y respeten a otros.

Si te fijas, las razones por las cuales los quieres lejos de las adicciones, de las malas compañías, de los peligros, etcétera, es para que logren cosas que les deseas desde el amor. Ahora, te invito a reflexionar en lo absurdo que suena que los castiguemos, los golpeemos, los humillemos, los critiquemos, los descalifiquemos, porque queremos que vivan en amor. Las personas que, a veces, menos amor les damos, somos su padre o su madre.

Esta es una reflexión poderosísima para que podamos continuar motivados en elegir un camino distinto a ese y para recordar que, darles confianza y acompañarlos desde el amor, puede ser siempre una elección.

Para practicar y promover el darles confianza después de una llamada de atención, utiliza los siguientes escenarios de posibles comentarios como ejemplo:

Después de haber hecho mal uso de las redes sociales y haber tenido la consecuencia: *«Sé que la próxima vez, vas a elegir cuidar tu lenguaje»*.

Después de una borrachera, cuando vaya a su siguiente reunión o fiesta: *«Sé que está vez vas a elegir divertirte y a tomar más agua que alcohol, sé que cuando regreses ambos, estaremos orgullosos del resultado»*.

Después de haber tomado dinero de más, cuando le vuelvo a pedir que traiga mi cartera: *«Sé que puedo volver a confiar en que tomarás solo la cantidad acordada porque valoras la confianza que pudimos recuperar»*.

Después de haber raspado la orilla del coche cuando manejaba: *«Sé que vas a ser cuidadoso, sé que vas a ser cuidadosa, y confío en que un día vas a manejar muy bien. Mientras tanto, lo seguirás intentando»*.

Cuando nos movemos desde la confianza y el amor generamos que las conexiones con nuestros adolescentes sean desde los circuitos de la calma y regidos desde la oxitocina que es la hormona del amor. Cuando hablamos desde las amenazas y castigos nos movemos en el sistema del estrés, y la respuesta y los químicos que nuestros cuerpos manejan, son los derivados del cortisol.

Cuando tú ofreces un estilo de comunicación distinto para tus adolescentes, tú también generas en tu cuerpo una respuesta distinta. Elegir moverte desde el amor genera hasta una química distinta en tu cuerpo.

Resumiendo: Hay razones por las cuáles vale la pena elegir un sistema basado en el aprendizaje y la conexión por encima de las amenazas y el temor.

Amenazas y miedo	Aprendizaje y conexión
Te alejan de tus hijos e hijas	Te acercan a tus hijos
Químicos del estrés	Hormona del amor
Juicios y crítica	Reflexión y análisis de información
Control	Auto-regulación
Obediencia	Capacidad de discernir
Culpa	Introspección
Resentimiento	Cercanía y vínculo
Te mueve el miedo a la autoridad	Te mueve el compromiso con quien te apoya
Víctima: La culpa es del otro	Agencia de responsabilidad: La responsabilidad es mía
Mensajes Tú*	**Mensajes Yo***
Disuadir castigando	Persuadir motivando
Mi valor depende de la aprobación de otros	Mi valor depende de mi autorreflexión, autoconocimiento, autoconfianza
Dependencia emocional de otros	Autoestima

* Los Mensajes Tú y Mensajes Yo (retomados del Dr. Thomas Gordon), los vamos a ver en el siguiente capítulo.

Básicamente el modelo basado en amenazas, castigo y miedo es el modelo con el que la gran mayoría fuimos criados. Lo que observamos que se perdían los padres, con este estilo parental, era el vínculo y la cercanía afectiva. Te pido que revises nuevamente los valores y la promesa que te hiciste cuando te enteraste que serías papá o mamá, para que recuerdes que, actuar con esos valores, es una elección.

8

Comunicación asertiva

Cuando Ana escuchó que la nueva canción de *One Direction* saldría a las 12:00 de la noche, esperó ansiosa para escucharla en el segundo en el que la subieran. Cuando escuchó que ya estaba liberada gritó de la emoción y al segundo se tapó la boca, pues captó que era tarde y podría despertar a sus papás. Cuando bailaba junto a su cama se escuchó un grito a la par que se abría su puerta: «¡Estás loca! ¡Qué haces despierta!».

Si observamos lo que sucede como testigos o espectadores de lo que pasa frente a nosotros en la situación anteriormente relatada, podemos afirmar lo siguiente:

1. Ana no tenía la intención de despertar a sus papás.
2. Ana no tenía la intención de gritar.
3. Ana no tenía la intención de asustar con un grito a sus papás.
4. Los papás de Ana no tenían la intención de asustar a Ana.
5. Los papás de Ana no tienen la intención de prohibirle que escuche música.
6. Los papás de Ana no se fueron a dormir enojados con la intención de regañar ni de gritarle a su hija.

Todos los puntos anteriores son ciertos y, sin embargo, cuando vemos la escena, en ningún momento queda claro para las dos partes que nadie tenía la intención de molestar al otro y en ambos casos se quedaron con un mal sabor de boca.

Si aprendemos más acerca de la comunicación asertiva, podremos desarrollar mejores habilidades para entendernos, perdonarnos y escuchar lo que realmente teníamos la intención de hacer y decir.

La comunicación asertiva es el medio por el cual le enseñas a tus hijos y a tus hijas a expresarse con claridad y de manera efectiva. Aumentas las probabilidades de que tu mensaje llegue a la otra persona. Tomas en cuenta que cada uno piensa y siente distinto, y existe la posibilidad de vivir una realidad muy diferente a pesar de vivir el mismo evento. A través de este tipo de comunicación enseñas:

- Agencia de responsabilidad.
- El valor del respeto, el valor hacía sí mismos, hacia sí mismas, y hacia los demás.

Por esto mismo, no puedes enseñar a tu hijo o hija el poder de las palabras si tú mismo, tú misma, no lo has aprendido. El reto más grande es aprender y aplicar la fórmula de la comunicación asertiva que encontrarás en este capítulo, porque, para comunicarte de manera limpia (sin faltas de respeto, sin juicios, sin críticas, sin culpar a alguien más de lo que te sucede a ti), tienes que practicar y practicar hasta sentir que fluyes con este tipo de comunicación.

Para lograr nuestro objetivo tenemos que considerar los siguientes puntos:

- Alcanzar la conciencia de nuestras acciones, lo que siento y pienso es mío, está en mi cabeza y se siente en mi cuerpo.
- La única persona que puede decidir vivir una realidad distinta soy yo.
- Dejar de enfocarme en lo que los otros piensan de mí y poner toda mi atención en lo mío.
- Observarme para reconocer los patrones de mis creencias, las ideas que se repiten en mi cabeza para descubrir cómo funciona mi sistema de creencias.
- Practicar las fórmulas del lenguaje asertivo cada vez que entre en una discusión o conflicto.

La comunicación asertiva es una manera de activar y validar lo que siento, de escuchar al otro, a la otra, y de crear un espacio para resolver las diferencias. Es una invitación para construir un ambiente en donde se puedan hacer acuerdos.

En este capítulo, vamos a revisar la teoría del Dr Thomas Gordon, psicólogo y autor de varios libros como P.E.T. «Padres Eficaz y Técnicamente Preparados», T.E.T y L.E.T. La herramienta que vamos a sumar a todas las anteriores es la del «Mensaje Yo».

Para entender la diferencia que podemos hacer en la comunicación, veamos dos ejemplos con diferentes situaciones:

Situación 1

Estoy trabajando y mi hijo prende la música a un nivel 7 de 10 con canciones de *Bad Bunny*:

Mensaje Tú: «*¿Qué estás ciego o sordo? No ves que estoy trabajando. Eres un inconsciente, o le apagas o te castigo la bocina*».

Mensaje Yo: «*Cuando estoy trabajando y la música está en volumen 7 de 10 me altero, brinco del susto y me enojo porque no puedo concentrarme y me tardo más en terminar*».

Situación 2

Mi hija tarda en salir de la fiesta y la espero 30 minutos.

Mensaje Tú: «*Eres una desconsiderada, no te importa el tiempo de los demás, aquí me tienes como idiota perdiendo el tiempo, por tu culpa vamos tardísimo*».

Mensaje Yo: «*Cuando me quedo esperando 30 minutos, me siento preocupado porque no sé si estás segura y te encuentras bien y mi cabeza vuela pensando que te puede pasar algo peligroso. Me siento enojado, porque vamos a llegar tarde y cada minuto aumentan las personas que conducen tomadas en la calle además de que estoy cansado.*»

Al ver estas formas de comunicar nos damos cuenta que, el Mensaje Tú, está basado en juicios, reacciones emocionales e interpretaciones acerca de la conducta de mi adolescente. Lo juzgo, crítico, culpabilizo y lo hago responsable de mi sentir y de mi reacción.

La forma en la que funciona nuestra comunicación es que interpretamos o codificamos la conducta de acuerdo a nuestra historia, nuestro entorno familiar y la forma en la que nos criamos.

Veamos cómo se da:

Situación 1: «trabajando concentrada y mi adolescente prende la música a un nivel 7 de 10 con canciones de *Bad Bunny*».

EMOCIÓN Lo que siento	CODIFICACIÓN Cómo lo percibo/ interpreto	MENSAJE TÚ Hago responsable a la otra persona
Frustración	No me deja trabajar	¡Eres un inconsciente!
Susto	Me interrumpe	¿Qué estás ciego?

EMOCIÓN Lo que siento	CODIFICACIÓN Cómo interpreto lo que sucede	MENSAJE YO Soy responsable de lo que siento. Me expreso en 1a persona
Frustración	No puedo trabajar	Con la música tan alta me desconcentro
Susto, sorpresa	Me asusté, la música con volumen alto me hizo brincar	¡Ay! ¡Qué susto!…Estaba concentrado y brinqué con la música tan alta

La diferencia que podemos observar, es que, en el Mensaje Tú, hacemos completamente responsable a nuestro adolescente de lo que nos sucede. Si partimos de buscar su inocencia para poner esa buena atención y sentirme mejor conmigo y en la relación, si ya sabemos que hacer la elección de no suponer ni tomárnoslo personal ayuda a que reparemos la situación, el siguiente paso sería, cómo poder comunicar mi sentir y cómo poder transmitir mi molestia. Y, para eso está el Mensaje Yo.

Esta forma de comunicación lo que nos facilita es expresar lo que nos está sucedido con miras a cambiar la situación. Buscando, a través de la descripción, aumentar la capacidad de escucha y de recepción del mensaje de mi adolescente. Entre menos atacado se sienta más dispuestos va a tener sus recursos intelectuales para responder de mejor manera.

Cuando hablo en primera persona, la verdad es mi sentir, es mi pensar y de ahí parto para asumir que, así como yo percibo una situación, mi adolescente puede estar percibiendo otra completamente distinta. Como lo vimos en el caso de Ana y sus papás.

El Mensaje Yo me ayuda a ver ambas realidades y a entender de manera más profunda lo que sucede con cada quien.

Ahora, para poder construir un Mensaje Yo, podemos seguir los siguientes puntos:

CONDUCTA + SENTIMIENTO + EFECTO.

Conducta: Describe lo que observas o escuchas (evitando los juicios). Recuerda lo que ya revisamos de las descripciones, eso es exactamente lo que aquí se requiere.

Sentimiento: Conecta con tu cuerpo, con tus sensaciones y nombra la emoción. Apóyate repasando la tabla de las emociones para que puedas reconocer qué sientes.

Efecto: Revisa qué resultado produce la conducta que describiste en un principio. Define cuál es la consecuencia directa que tiene «la conducta» en tu vida.

«*Únicamente describo lo qué pasa conmigo, sin hablar del otro, porque ya entendí a quién es a la única persona que puedo transformar*». Todo se describe en primera persona y te haces dueño o dueña de lo que piensas, de lo que sientes y de lo que percibes o interpretas.

Practicando los «Mensajes Yo»

Mi hijo azotó la puerta.

Descripción de lo que veo y escucho:

Opción 1

«*Cuando observo que cierras la puerta con fuerza y se azota, me siento muy enojada, porque se puede romper, desajustar, caer y eso me va a costar repararlo*».

Opción 2

«*Cuando observo que cierras la puerta con fuerza y se azota, me siento muy enojada porque me frustra no poder conversar y pienso que cierras la puerta en mi cara porque no me respetas. Esos son mis pensamientos, lo que no quiere decir que sea verdad para ti, pero es mi interpretación*».

Aquí vemos las 3 partes de Mensaje Yo: Conducta + Sentimiento + Efecto de la conducta.

Situación A

Encontré un cigarro electrónico en su mochila.

Opción1

«*Cuando encontré un cigarro electrónico en tu mochila me enojé porque me disgusta que tu salud corra riesgo*».

El siguiente nivel sería descubrir que, en realidad, no me enoja que su salud corra riesgo, más bien me da miedo que su salud corra riesgo. Y lo que realmente me da miedo es que eso provoque una enfermedad en alguien que amo, es que se afecte su vida; en el fondo tengo miedo que su vida corra riesgo porque eso implica la muerte.

Opción 2

«Cuando encontré un cigarro electrónico en tu mochila me dio miedo porque me preocupa que el humo y los químicos le hagan daño a tu sistema respiratorio y que tu salud se vea afectada».

En esta opción ya se puede ver que nuestra respuesta está más ligada al amor, a la protección y al cariño que les tenemos, que al enojo. Ir desenmascarando las emociones, nuestras creencias y las reacciones, ayuda a que nos acerquemos más a nuestros adolescentes.

El enojo es la primera máscara del miedo y, si no lo sabemos entender, no lo podemos trascender.

Si ya nos quedó clara la forma de armar un Mensaje Yo, vamos a continuar con la parte complementaria y final de la comunicación asertiva.

Te recomiendo leer cualquiera de los libros de. Dr. Thomas Gordon para padres, maestros y líderes, ya que su teoría es útil para mejorar la comunicación en familia.

Este estilo de comunicación también nos muestra nuevamente la importancia de contar con vocabulario emocional para conocer realmente las emociones que sentimos e identificarlas. Si solo conocemos «bien», «mal», «enojado» y «triste», tendremos muy poca habilidad para comunicarnos con precisión.

Para esta última parte, vamos a agregar una frase que me parece muy útil, que viene de la teoría de «*La Comunicación sin Violencia*» de Marshal Rosenberg y del libro «*What We Say Matters*» (Lo que decimos Importa), de Judith Hanson Lasater. Ambos autores explican, de manera muy detallada, lo que te voy a resumir en unas cuantas líneas y, si te interesa profundizar en el tema con más detalle, estos dos autores, te llevarán de la mano para seguir trabajando con una comunicación limpia, que construye paz.

Te explicaré brevemente en qué consiste parte de la teoría de «La Comunicación sin Violencia». Esta, nos plantea que, los seres humanos tenemos necesidades y utilizamos estrategias para satisfacer estas necesidades y, las necesidades que tenemos son de diferentes tipos (van aquí con algunos ejemplos):

- Autonomía; como elección de proyectos, valores, ideales y objetivos.
- Nutrición y cuidados físicos; como hidratación, alimentación, descanso, movimiento, salud, etc.
- Celebración y conmemoración; como honrar y conmemorar o rememorar la pérdida de un ser querido, celebración de festejar la vida y momentos o ideales alcanzados.
- Diversión; como risa y esparcimiento.
- Integridad; como propósito, autoestima y creatividad.
- Espiritualidad; como paz, orden, belleza, armonía e inspiración.
- Interdependencia (necesidades del interior de tu ser); como aceptación, agradecimiento, amor, apoyo, comprensión, confianza, respeto, seguridad, empatía, etc.

Además de estas necesidades que los seres humanos experimentamos, necesitamos de su expresión, existen las formas o estrategias para hacerlo.

Un ejemplo:

En un evento como el funeral del abuelo, yo puedo elegir honrar y conmemorar su partida, guardando silencio, vistiendo sobrio y de negro. Para mi adolescente, el recuerdo del abuelo tal vez eran sus poemas y la música, por lo tanto, elige llevar música y compartir el libro de poemas con las personas que se encontraban en su velorio. Cada uno de nosotros elige una forma distinta de expresar sus necesidades y eso genera que las estrategias a veces choquen y se conviertan en un conflicto. Al observar esto desde mi visión adulta, que creo que es la correcta, me cuento la historia que no es respetuoso lo que mi adolescente hace, juzgo y pongo un alto a una conducta que desapruebo porque asumo que es inadecuada. Mi adolescente siente una descalificación y siente una falta de apoyo y carencia de empatía de mi parte, por no entender su forma de honrar y celebrar al abuelo. Esto genera distanciamiento emocional, cuando ambos estábamos buscando la expresión del dolor que sentimos.

Si retomamos el ejemplo de Ana y su espera nocturna para escuchar el nuevo lanzamiento de *One Direction*, nos encontramos con la misma situación: Ana buscaba satisfacer y expresar su necesidad de diversión, esparcimiento, gozo, conexión, inspiración, etc., a través de escuchar, cantar, bailar y celebrar con sus amigos y amigas, y grupos en común, para vivir la emoción de escuchar el éxito recién salido «del horno». Sus padres tenían la necesidad de expresar y vivir su cuidado físico con descanso, salud, paz y seguridad.

Las necesidades son totalmente distintas, y las estrategias afectan las necesidades del otro. Chocan y se contraponen, pero realmente ninguno tuvo la intención en ningún momento de dañar o afectar al otro ni a sus necesidades.

A continuación, vemos la imagen de cómo se contraponen las necesidades y estrategias:

NECESIDADES Y ESTRATEGIAS

NECESIDAD DE
DIVERSIÓN

NECESIDAD DE
DESCANSO

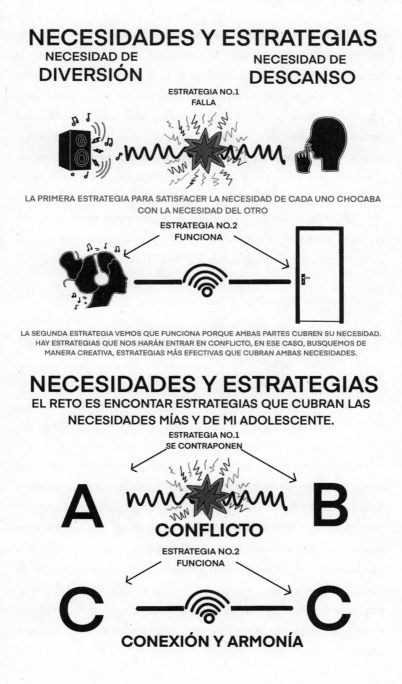

ESTRATEGIA NO.1
FALLA

LA PRIMERA ESTRATEGIA PARA SATISFACER LA NECESIDAD DE CADA UNO CHOCABA
CON LA NECESIDAD DEL OTRO

ESTRATEGIA NO.2
FUNCIONA

LA SEGUNDA ESTRATEGIA VEMOS QUE FUNCIONA PORQUE AMBAS PARTES CUBREN SU NECESIDAD.
HAY ESTRATEGIAS QUE NOS HARÁN ENTRAR EN CONFLICTO, EN ESE CASO, BUSQUEMOS DE
MANERA CREATIVA, ESTRATEGIAS MÁS EFECTIVAS QUE CUBRAN AMBAS NECESIDADES.

NECESIDADES Y ESTRATEGIAS

EL RETO ES ENCONTAR ESTRATEGIAS QUE CUBRAN LAS
NECESIDADES MÍAS Y DE MI ADOLESCENTE.

ESTRATEGIA NO.1
SE CONTRAPONEN

A   B

CONFLICTO

ESTRATEGIA NO.2
FUNCIONA

C   C

CONEXIÓN Y ARMONÍA

Este es un ejemplo clásico entre padres e hijos e hijas adolescentes, en donde aprendiendo a re encuadrar, es decir, cambiando la perspectiva, empezamos a resolver el problema. Esto lo hacemos, como comentamos con anterioridad, buscando la inocencia de cada una de las partes, teniendo la clara intención de aceptar la realidad que es, que nadie quiere dañar al otro, sino simplemente, que expresamos nuestras necesidades y nuestra visión egoísta del mundo, excluyendo, generalmente, la visión, las necesidades y la intención del otro.

Habiendo repasado de manera breve, el origen de donde salen las frases usadas en la *comunicación sin violencia* que pongo a continuación, nos quedaremos con la última parte de estas:

- Cuando tú haces (o dices) _____
  _____(conducta).
- Me siento_____(sentimiento).
- Porque lo que necesito es _____
  _____(necesidad).
- Si estás de acuerdo, estarías dispuesto, dispuesta a _____
  _____(petición).

En estas frases vemos que se busca exactamente lo mismo que con el Mensaje Yo. Hablar en primera persona, hacernos dueños y responsables de nuestros pensamientos, creencias, emociones y percepciones. Dar una descripción que no venga con juicios, evaluaciones, críticas o miradas sesgadas de la realidad para evitar que nuestros adolescentes sientan que se tienen que defender de nuestros ataques. Se busca más bien, ser lo más neutral y objetivos para describir lo que sucede y convertirnos en observadores de lo que sucede en la otra persona, en la relación y en nuestro interior.

Es una invitación a que usemos una mirada más neutral, asumiendo que nada en esta vida es personal, sino condición de lo que cada uno, cada una, cargamos en nuestro sistema de creencias y en cómo aprendimos a interpretar la realidad.

La última parte de la frase: *Si estás de acuerdo, estarías dispuesto, estarías dispuesta a* _____(petición), tiene las características para cumplir con el objetivo de una comunicación limpia que se encargue de mí y de mi relación con el otro.

Lo que vemos en esta parte, es nuevamente el poder que tiene tomar una decisión. Cuando hablamos de elegir, sentimos control y cierto poder sobre nuestras acciones. Igualmente sentimos compromiso con lo que decidimos.

Cuando planteamos esta solicitud: *Si estás de acuerdo, estarías dispuesto, estarías dispuesta a* _____(petición), estamos considerando que la otra persona también tiene la opción de decir **No**.

Si esto es así, deberemos replantear nuestra elección. Aquí elegimos una postura distinta a la imposición y obediencia. Por ejemplo, si yo le puedo preguntar al otro qué es lo que prefiere, le estoy dando la libertad de decidir. Es más fácil que se sienta tomado en cuenta y que acceda a generar un acuerdo en el que se incluye también su propio sentir. Estoy tomando en cuenta a mi persona y a mi adolescente por igual.

Así que la idea es usar la frase de los «Mensajes YO», y agregar la última parte en la que solicitamos a nuestro adolescente si coopera con la solicitud que hicimos. Claramente podemos usar ambas y trabajar con la que más nos acomode mientras usemos una forma más neutral y objetiva de comunicación. Ej: ¿Estarías dispuesta a usar audífonos y a gritar con la almohada en la boca para no despertarme?

Re-encuadrar y las 8 R´s

Cuando hablamos de re-encuadrar es importante entender el poder de las historias que nos contamos como lo hemos venido mencionando en capítulos anteriores. Re-encuadrar es contarnos una historia distinta, apoyándonos en los datos que normalmente descartamos y dejamos de ver, al elegir otra historia como la principal. La «terapia narrativa» nos explica que hay una historia alternativa a la que normalmente no le damos importancia y anulamos. Esto hace que dejemos fuera datos importantes que a veces contradicen la historia principal.

Para explicarlo de otra manera, veamos un ejemplo: En un viaje de 5 días, al día 4 nos sucede un evento desafortunado. En ese momento, la historia principal del viaje se volvió esos sucesos a partir del día 4. De ahí en adelante, el viaje se volvió una tragedia. Esto se da porque elegimos enfocarnos con nuestro ojo mental en la historia, el recuerdo y las imágenes que nos contamos acerca de lo sucedido por ese relato. Re-encuadrar, sería visualizar y encontrar también, los detalles que disfrutamos y que fueron parte del viaje en los primeros 4 días.

Es indispensable aclarar que, la idea de re-encuadrar no es dejar de sentir ninguna de las emociones ni hacer un bypass de los eventos dolorosos pretendiendo vivir en un estado emocional de desconexión. El objetivo es todo lo contrario, vivir conectados con todo lo que la vida nos pone enfrente, pero darle la dimensión adecuada.

Recordemos que una emoción dura un par de minutos en el cuerpo, el cual es el contenedor de todas las emociones y el espacio en el que se expresan y se diluyen. Por esta razón, arrancamos este libro entendiendo que tenemos que sentirlas y que hay una manera saludable de hacerlo (capítulo de Auto-regulación). Una vez que nos permitimos este paso, es cuando nos liberamos del efecto negativo que tienen las emociones en nosotros, nublando nuestra capacidad de actuar de manera inteligente para resolver lo que sucede.

Al trabajar con las emociones nos liberamos de ese efecto que congela o explota y estamos listos, estamos listas, para re-encuadrar.

¿Cómo se vería esta herramienta con nuestro adolescente?

Imaginemos esta escena: Nos enteramos que nuestra hija adolescente se escapó de la casa para irse a una fiesta.

Cuando sucede algo así, generalmente nos enfocamos en la historia de terror de las tragedias que pueden suceder y nos contamos la historia de que lo hizo para vernos la cara. Alimentamos esta idea por varios minutos, logrando aumentar el enojo convirtiéndolo en ira.

Si re-encuadramos, después de manejar el miedo y dominarlo, podríamos ver que:

- *Tenía muchas ganas de ir a la fiesta.*
- *Tenía tantas ganas, que ideó un plan para lograr su objetivo.*
- *Tiene la capacidad de ingenio y creatividad que, bien enfocadas, pueden ser habilidades de persuasión y de motivación para lograr lo que se propone.*
- *Tiene un punto ciego en medir las consecuencias y tenemos una oportunidad para que se desarrolle mejor en esa área.*
- *Tengo frente a mí la oportunidad de probar mis herramientas de auto-regulación y comunicación asertiva.*
- *Algo me faltó anticipar cuando hablamos de la fiesta y de los permisos, tengo que mejorar mis habilidades en el uso de esa herramienta.*
- *Tengo que generar acuerdos más claros.*
- *Esta es una oportunidad para trabajar con todas las herramientas del libro y demostrarme cómo haría un buen líder para sacar adelante una situación así.*

Esas frases, serían diferentes maneras de Re-encuadrar una situación así.

Ahora veamos cómo se pueden aplicar las 8 R´s

1. **Respira** — porque es el conducto más rápido y eficiente para centrarnos y, respirar profundo, ayuda a recuperar nuestra estabilidad.

2. **Regresa** — Regresa a tu interior para trabajar auto-regulación (Estoy asustada, asustado, y está bien, detente, siente tu cuerpo, checa tus pensamientos, respira, elige «construyes o destruyes»).

3. **Reconoce** — Nombra e identifica tus emociones, describe las sensaciones y cambios en tu cuerpo. Visualiza texturas, colores, tipos de percepciones acerca de lo que se siente en las distintas partes de tu cuerpo. Reconoce las creencias o pensamientos que llegan a tu mente, y verifica si las crees como una absoluta verdad o te tomas el tiempo de cuestionarlas.

4. **Re-encuadra** — Este es el momento en donde elegimos construir, ver el espacio de aprendizaje. Re-encuadra eligiendo ver la inocencia, moviéndote desde el amor por acompañar.

5. **Re-enfoca** — Decide ver lo útil, lo que ayuda y lo que te lleva a la solución, a desarrollar las habilidades que le faltan a tu adolescente. Enfócate en ver las opciones que hay frente a ti para resolver y cambiar la historia.

6. **Responsabilízate** de tu mensaje eligiendo tu conducta y palabras a través del filtro de tus valores.

7. **Responde** — Repitiendo con palabras descriptivas (sin juicio), lo que esperas de la situación.

8. **Reconecta** con el vínculo, observando su conducta cuando repara y haciéndole ver que ahí observas su esfuerzo y com-

promiso para resolver, así como su capacidad de reconocer su propio error. Valida sus decisiones acertadas, y su intención de seguir aprendiendo. Haz lo mismo contigo.

Ejemplo:

Es la tercera vez que le pido a mi adolescente que saque su licencia, le pregunto si ya la tiene y me mira en absoluto silencio y con los ojos llenos de culpa, dejándome saber que no lo ha hecho.

Respiro profundo en cuanto noto mi enojo.

Regreso a mi interior, y empiezo a escanearme...

Reconozco un cambio de temperatura que sube desde los pies, por las piernas, se siente en mis brazos, igualmente en la cara, generando calor y un poco de sudor en la frente y parte trasera de mi cuello. Noto que mi estómago se tensó y mis manos se apretaron. Me siento enojada, decepcionada, preocupada, confundida y frustrada. Me topo con estos pensamientos:

- Me vio la cara.
- Si no se compromete, no tendrá futuro.
- ¡Qué irresponsable!
- Si no le pongo un alto no va a ser nadie en la vida.
- ¡Claro!, pero la fiesta no se le olvida.
- Tengo que ser más dura, más duro, para que entienda.
- Lo he educado con mano muy floja.

Re-encuadro — Soy su mamá, soy su papá y soy el adulto. ¿Quién quiero ser en este momento? ¿Quiero CONSTRUIR o DESTRUIR? Enfócate en el tipo de mamá o papá que quieres ser y actúa desde los valores que quieres predicar. Comienzo a observar su culpa y su vergüenza, recuerdo que en mi relación hay permiso para cometer errores y la oportunidad de un espacio de enseñanza. Elijo mi vínculo, generar compromiso y hacer espacio para una reflexión.

Re-enfoco — Elijo ver lo útil para resolver y buscar lo que suma a su madurez. Veo su inocencia— y me repito «no me quiere engañar, se le olvido porque se rige por el principio del placer, todavía no es suficientemente responsable». Elijo trabajar en el desarrollo de esta habilidad.

Responzabilizo mi comunicación y conducta. Respiro profundo y le digo «3 veces he dicho —saca tu licencia— y todavía no la tienes. Esto me frustra y preocupa porque espero ver que actúas con responsabilidad para saber que podrás funcionar y resolver tu vida de manera independiente. Que eres capaz de cuidarte y de disfrutar tu vida con responsabilidad. Eso me daría mucha paz y mucha alegría.

Respondo repitiendo las palabras que resuelven la situación: «Puedes abrir la computadora y sacar la cita en este momento para que quede listo. Noto que sientes culpa, ¿querías fallar o se te pasó? ¿qué puedes aprender de esto? ¿Cuándo uno no quiere fallar, qué recursos puede emplear como recordatorio? Revisa qué te faltó hacer y en qué momento pudiste haber decidido distinto. Toma esto como un aprendizaje, sé que la próxima vez contarás con más recursos para recordar».

Reconecto con mi adolescente, con una mirada, haciéndole ver que ahí estoy. Puede ser una sonrisa o una frase que diga: «sé que esta reflexión te ayudará a que la próxima vez lo puedas lograr a la primera».

Por último, te quiero recomendar que, cuando tus hijos, tus hijas, no logren expresar de manera adecuada lo que necesitan o sienten, tú se los modeles. Vale la pena que les des el ejemplo para que hagan una especie de *copy-paste* del diálogo que arregla la situación.

Ejemplo:

Si te dicen: «Es que tú también te pones histérico, histérica», les sugieres «mejor dime: mamá/papá, cuando gritas tan fuerte, siento miedo y ya no te entiendo nada».

Si te dicen: «Tú tampoco dejas tu celular», les sugieres «mejor dime: A veces necesito que me pongas atención cuando te hablo».

Si te dicen: «¡Ay! ¿y a ti nuca te da flojera hacer cosas?» les sugieres «mejor dime: tengo mucha flojera de hacer esto, estoy cansado, estoy cansada».

Con frases como estas los validamos, hacemos empatía y les enseñamos una manera de comunicar más amable y clara para que puedan emplear con nosotros.

Resumiendo: La comunicación asertiva es una elección de cambio para mí, para dejar de imponer mi fuerza y autoridad para cambiar a mi adolescente. El cambio más fuerte que le puedo ofrecer, viene del ejemplo que le doy cuando estamos en una crisis. Recuerda que sentimos que es nuestra elección cuando cambiamos convencidos, desde la motivación. Cuando los padres persuadimos y damos argumentos convincentes nos ganamos más fácilmente la admiración, compromiso y respeto como lo haría un buen líder con su equipo. Es, cuando estamos enojados, que damos el mejor ejemplo de auto-regulación.

Cuando me frustro y me desespero, es cuando realmente le doy una prueba de cómo se es paciente y resiliente.

Cuando estoy a punto de perder el control es cuando le enseño cuáles son los valores que realmente sostienen mi vida y mis decisiones.

Por esta razón, en la persona que más tengo que trabajar, es en mí, porque será a través de la congruencia que iré dejando las huellas que mi hijo, que mi hija, algún día querrá seguir.

Elijo no depender de nadie para cambiar mi sentir, esto me hará más libre ya que me enfocaré en el «cómo sí». Voy a soltar el terreno que no me corresponde porque ese ya es terreno de mi hijo, de mi hija. Me corresponde la relación, el vínculo, las conversaciones y compañía que pueda aportar. Me corresponde ser claro y coherente. Me corresponde ser un mejor líder, una mejor líder.

9

Límites y riesgos

Cómo se ve la vida de un adolescente

Antes de entrar de lleno en este capítulo, leamos estos comentarios de los propios adolescentes para meternos un poco más en su mundo y su cabeza:

- *Escuchando música, así quiero vivir todo el día.*
- *Cuando hay fiesta, te topas, casi entrando a la casa, con esa emoción de no saber quiénes van a estar, si vas a conocer gente nueva, chance un ligue, si va a haber problemas... no sabes.*
- *De chiquita, siempre me decían que iba a encontrarme con gente ofreciéndome drogas y no lo crees tanto al principio, crees que va a ser una persona extraña que te va a ofrecer algún tipo de pastilla, pero nunca te imaginas que esa persona va a ser un conocido ofreciéndote un toque, de una cosa parecida a una pluma.*
- *Siendo una persona introvertida, con alcohol en el sistema te vuelves la mariposa social, dices y haces todo sin pena.*
- *La cruda más poderosa es la cruda moral, esas lagunas mentales en las que tienes pocas memorias del día anterior y, durante el día, te van regresando, te acuerdas de la cantidad de osos que hiciste y con quién los hiciste.*

- *Los teléfonos son nuestros confidentes, tenemos cantidad de información ahí, desde fotos, chismes, cosas personales, familiares, contraseñas y básicamente todo acerca de nuestra vida social.*
- *Hay muchos tipos de grupos, obvio están los que son con tus amigos cercanos y otros grupos que son más sociales y, tus amigos de la peda. Grupos de puras niñas, grupos de puros niños...*
- *A veces, las mujeres pueden ser un ambiente mucho más pesado, los chismes, las peleas entre todas contra todas.*
- *Entre niñas es un poco más común pasarse chismes y recomendaciones de lugares de moda.*
- *Entre hombres, luego pueden ser un poco más cabrones y, en algún momento pasa que tienen su grupo y de vez en cuando se mandan los nudes de las niñas con las que hablan.*
- *Tienes miedo de todas las decisiones que vas a tomar en tu futuro.*
- *Tienes miedo de decepcionar a tus papás y de no ser suficiente para otros. De ser un fracaso y no poderte mantener.*

Estrategias para hacerle saber a tu hija, a tu hijo, que ESCUCHAS

Vamos a revisar algunas cuestiones importantes que debemos seguir como estrategia para colocarnos en sintonía con nuestros adolescentes cuando nos cuentan cosas como las que leímos anteriormente.

- Poner atención a lo que la otra persona te está diciendo para mantenerse en el mismo canal.
- Mostrar interés; mantenerse curioso.

- Que el propósito de la conversación sea la comprensión.
- Verificar con tu adolescente lo que dijo para confirmar que lo entendiste correctamente.
- Procurar no distraerte, no interrumpir, no debatir para evitar malos entendidos.
- Hacer preguntas claras.
- Ponerte en sus zapatos.
- Escuchar al paso que habla, respetar sus tiempos y no querer apresurar nada.
- Estar al tanto de cuánto tiempo hablas tú durante la conversación, dar la oportunidad de escuchar las opiniones de tu adolescente.
- No estar pensando en lo que vas a decir o en qué momento vas a poder decirlo, ya que eso te distrae de lo que está diciendo la otra persona
- No corregir a la otra persona.
- No estar pensando en otras cosas mientras la otra persona está hablando.
- No interrumpir a la otra persona para terminar la oración o la idea.
- No tomarte personal lo que la otra persona está diciendo.
- No ponerte a la defensiva; si pasa eso te bloqueas y ya no terminarás de escuchar a la otra persona.
- No cerrarte o no reaccionar, ya que es como si la estuvieras ignorando.

Nuestros adolescentes necesitan límites y de nuestra presencia

Límites

Con todas las situaciones que observamos alrededor de nuestros adolescentes, lo normal es tener una reacción en donde sintamos miedo, ganas de controlar, prohibiendo o sobre protegiendo. Veamos cuál es la mejor manera de poner límites a esta edad.

Primero entendamos para qué sirven los límites.

Los límites nos dan seguridad para poder actuar, relacionarnos, divertirnos y convivir. En nuestras familias, aprendimos límites, a veces claros, a veces difusos, otros, intermitentes, muchos muy rígidos, y no tuvimos opción de opinar. La manera en la que fuimos educados marcó la forma en que delimitamos nuestro espacio.

A partir de reconocer lo que pasó en nuestra familia de origen, podemos saber nuestro *actuar en automático*.

Ahora veamos los estilos de límites.

Sin límites

Es cuando los dejas hacer todo, no supervisas que lleguen en estado saludable de una fiesta o reunión. Cada uno hace y vive su vida sin que los otros sepan tus miedos, preocupaciones y problemas. Si tú tuviste estos límites en tu casa de parte de tus padres o familia, sientes la vivencia de una víctima. Como si pasaran por encima de tus necesidades y solo importaran las de los adultos. El ejemplo típico es cuando tienes sueño y te quieres ir de algún lugar y tus papás no toman tus necesidades de sueño y descanso en cuenta. Creces como un adulto que permite que otros pasen por encima de tus necesidades, abusen o no te respeten. Como un clásico «Tapete» o siendo el que no toma en cuenta las necesidades de los demás y repites el patrón en tus relaciones. Eres el agresor que transgrede los límites, no respetas espacios, tiempos, agendas, ni el trabajo de las otras personas. No hay privacidad y, en lugar de un sentimiento de protección, quedas vulnerable o haces al otro quedar vulnerable y muchas veces lastimado por ti.

SIN LÍMITES

Límites rígidos

Aprendes desde pequeño, desde pequeña, a crecer con desconfianza, no permites que nadie entre en tu espacio íntimo de emociones, sentimientos, pensamientos, sueños y experiencias. Es difícil tener una relación de intimidad con alguien así, porque no comparten su corazón ni su lado frágil. Generalmente son personas que expresan muy poco de lo que pasa con ellas estando en crisis.

LÍMITES RÍGIDOS

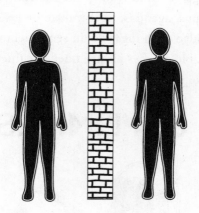

Si viviste este tipo de límites te defiendes, no confías, eres distante, no compartes, no te abres en tus relaciones porque no es seguro; tratas de estar en control, crees que sabes qué es lo mejor para otros, para otras; no eres una persona abierta, honesta; eres vulnerable; crees que no hay sentido en compartir lo que pasa en tu vida, en tu familia e intimidad; nunca abres tus sentimientos ni pensamientos cercanos.

Límites sanos

Se pueden reconocer a las personas que se criaron bajo este esquema porque saben decir que *no* a lo que no va de acuerdo a sus valores, integridad o dignidad. Escuchan al otro, a la otra, y tienen la capacidad de reconocer cuando no se sienten escuchados.

Estos tipos de familia, generalmente son los más sanos, porque permiten un espacio para la expresión de las emociones y para tener un espacio de independencia. Igualmente, para pensar, sentir y opinar distinto y, lo más importante, generan un espacio para expresar el miedo, la inseguridad, las emociones incómodas y los errores o equivocaciones. Se viven relaciones en donde hay más aceptación.

LÍMITES

LÍMITES SANOS LÍMITES RÍGIDOS

SIN LÍMITES

Una persona bajo este esquema, busca un espacio seguro, confiable, de aprendizaje y entendimiento; permite que entre lo verdadero y lo constructivo; hace a un lado lo que le pertenece al otro (reacciones, palabras o frases destructivas); permite que entre lo que suma; se inclina por una elección consciente, y busca relaciones saludables; crea espacios para reparar heridas. Si algo es verdadero, permite que entre, aunque duela, y lo toma con la intención de aprender. Les comparte a otros lo que pasa con él, con ella; abre sus necesidades, expectativas y puede mostrarse vulnerable cuando observa un espacio seguro. Habla de consecuencias claras y actúa conforme lo acordado.

A continuación, vamos a aprender a conocer las características ideales de los límites.

Las características que tendrían que tener los límites sanos, por sus primeras letras: CCCOPI, son:

- Claridad (por cada NO dos SÍ´s).
- Consistencia (se repite).
- Congruencia (con la edad y las necesidades).
- Observable (lo podemos identificar).
- Predecible (me puedo anticipar a lo que viene).
- Informado (conozco lo que sucede).

Claridad:
- Si haces «X» pasa «Y».
- Si evitas «X» pasa «Z».
- Cada vez que te escuchas diciendo NO, ofrece 2 alternativas para que se respete el límite y al mismo tiempo se cubra su necesidad.
- *No puedes ir al antro, si puedes ir a una reunión, si puedes invitar a tus amigos a la casa.*
- *Si cacho que te escapaste al antro, se posponen los permisos (1, 2 o 3 semanas según el caso) hasta que demuestres que cumples y respetas los acuerdos en lo cotidiano. Si cumples con todo y te muestras responsables, aumentan los horarios, o el tipo de permisos porque se ve que cumples.*

Consistencia:

- Depende de la conducta.
- El efecto está ligado a la conducta.
- No depende del humor de papá o mamá.
- Se aplica por seguridad no por estado de ánimo.
- *Siempre que llegues tomado, pierdes el siguiente permiso o los permisos del fin de semana.*

Congruencia:

- La consecuencia está ligada a la conducta.
- Es proporcional a la acción.
- Nunca exagerar la consecuencia o castigo porque se desvía la atención de lo que realmente importa que es el aprendizaje y vivir los efectos de una consecuencia.
- Está ligado a nuestros valores.
- Hay falta de congruencia si, estando con amigos te perdono, y si tuve un mal día, te grito y te castigo. Si cumple se da el permiso, si incumple se quita. Mi amor no se quita NUNCA.

Observable:

- Lo comprende el adolescente.
- Se reconoce qué se puede y qué no.
- Va de acuerdo a su edad.
- Realizarlo da seguridad.
- Si le pregunto a la autoridad, a un especialista en el tema o lo busco en un reglamento, la información que le expuse a mi adolescente, se confirmará. Por ejemplo, si alguien comete una infracción de tránsito se observará que un policía detenga al infractor.

<u>Predecible:</u>

- Se sabe qué esperar de la conducta.
- Se saben las consecuencias.
- Se sabe qué esperar de la reacción y sentimientos de su padre y de su madre.
- Se sabe qué esperar de sus propios sentimientos.
- Si tenemos el valor del respeto, integridad, dignidad, NUNCA golpeamos porque contradice los valores.
- Se debe incluir la satisfacción de las necesidades de nuestros adolescentes para que funcionen.

<u>Informado:</u>

- Mi adolescente está informado de las consecuencias de cada evento, incluyendo cómo se va a sentir y qué va a suceder si deciden una cosa u otra.
- Ya sabe qué esperar porque ya lo platicamos previamente. Cuenta con esa información por lo que podrá decepcionarse, frustrarse o enojarse, pero no quedará sorprendido.

La consecuencia

La consecuencia la vamos a entender como el resultado o el efecto de algo que sucede y entendemos que es algo concreto, como la siguiente frase: «Algunas de las consecuencias físicas que se observan en la adolescencia son los cambios hormonales, la transformación del cuerpo, la salida de barros y aumento de tamaño…».

La consecuencia si mi adolescente se duerme tarde es que le cuesta trabajo despertar y se encuentra cansado al día siguiente. La consecuencia de estar cansado es que sus niveles de aprendizaje y atención bajan.

La consecuencia de llegar borracho de una fiesta es que se pierde el permiso de la siguiente fiesta en donde hay alcohol porque no supo auto-regularse.

La consecuencia de llegar tarde y no avisar, es que se pierde el siguiente permiso porque no está listo para manejar un horario con responsabilidad y compromiso. Y mientras tanto, nosotros vivimos angustia, incertidumbre y falta de descanso, así que nos toca descansar.

Las consecuencias:

- Se establecen previamente (ver la hoja de acuerdos que encontrarás más adelante).
- Buscan enseñar.
- Hablan de la conducta que buscamos desarrollar, centrada en la habilidad que justo no mostraron nuestros adolescentes.
- Se enfocan en cuidar a la persona y a la relación.
- Son observables y medibles.

En repetidas ocasiones, la peor consecuencia que viven los adolescentes es cómo se sienten derivado de sus propias decisiones, sin embargo, con nuestra reacción explosiva, de ira o enojo, desviamos su atención de lo importante que es el EFECTO de sus acciones. Por esta razón, vale la pena auto-regularnos y ayudarlos a reflexionar acerca de lo que hicieron y de cómo se sienten al respecto.

Si las consecuencias se platican, los adolescentes saben qué esperar. No es necesario dejarnos de hablar, tampoco imponer castigos exagerados. Las amenazas que no se cumplen generan falta de credibilidad y límites laxos e inconsistentes, los cuales dan poca certeza y seguridad emocional. Lo que realmente sirve, es trabajar con los límites, buscando que tengan las características explicadas previamente. Debemos estar cerca a través de *la atención que conecta*, como lo explica Eckhart Tolle en su libro *Una nueva Tierra*.

Hay dos tipos de atención:

1. Atención basada en la forma: Es la disciplina, la que estructura. La distinguimos porque nos da instrucciones de este tipo: «*Come verduras, siéntate derecho, cierra la boca, lávate las manos, levántate temprano, llega a tiempo...*». Vista como si fuera una casa, este tipo de atención serían las paredes, la construcción, la estructura.

2. Atención sin forma: Es aquella que alimenta la cercanía, la confianza y el vínculo. La que nos hace sentir conectados, queridos, amados, y aceptados. La que se disfruta cuando estás con alguien con quien te sientes cómoda o cómodo. Es esa atención que cuando la estás teniendo no lleva el rol de papá o mamá, estás básicamente siendo un ser humano que disfruta la compañía de otro ser humano. Se da cuando juegas, cuando disfrutas, ríes o realizas alguna actividad en donde ambas personas la pasan bien. Si estuviéramos hablando de una casa, sería lo que caracteriza a un hogar.

A continuación, voy a compartir contigo una hoja de acuerdos que te puede funcionar para manejar los distintos temas y situaciones que surgen comúnmente cuando tenemos hijos e hijas en esta edad. Adáptalos a tu familia y a la personalidad de tu adolescente. Preséntalos a tu hijo, a tu hija, cuando vengan al caso para darles una guía de cómo pueden prever las cosas.

Acuerdos comunes de «*yo adolescente*» para convivir

Fecha: _____

COOPERACIÓN EN CASA

Si mis papás me piden ayuda con algo, lo haré recordando que dos de las actitudes que hacen feliz a un ser humano es la apreciación y el agradecimiento. Puedo elegir hacer un reproche o puedo elegir cooperar. Pensar en qué tipo de relación quiero con papá o mamá me ayudará a saber que nos conviene más a todos cooperar. Además, buscaré maneras diferentes para ayudar, incluso si es una tarea que no me corresponde; no lo haré por obligación ni porque sea mi trabajo, sino porque quiero demostrar lo agradecido, lo agradecida que estoy por todo lo que hacen por mí. Esto además demostrará que soy una persona madura, responsable y que puedo con cualquier desafío. Para los permisos necesito mostrar madurez y responsabilidad.

HONESTIDAD Y CONFIANZA

Mis papás tendrían que ser las personas en las que más debo confiar. Sé que hay veces en las que el miedo me desbordará y tendré la tentación de mentir. Es importante mantener la conversación abierta para que cada uno hagamos lo que nos toca; por parte de mamá y papá trabajen en ser personas que sepan escuchar y yo, trabajo en ser una persona valiente, íntegra y honesta para decir la verdad. Es importante saber que, si esto no es así, ambas partes haremos el acuerdo de conversar acerca de lo que nos falta a cada uno para seguir teniendo confianza y apoyo en la relación. Aunque a veces sea difícil de creer, papá y mamá también fueron jóvenes y sabrán si estoy mintiendo y, las mentiras, generalmente hacen más grande el asunto y restan puntos para permisos e independencia. Si en algún momento me encuentro en una situación incómoda o insegura, ellos estarán para mí, apoyándome, yendo por mí incluso si estoy lejos o es de noche. Puedo contarles mucho o poco, pero sea lo que sea que les cuente, trabajarán para no juzgarme por pedir ayuda.

COLEGIO

A medida que cumpla con las responsabilidades de mis estudios, podré tener ratos de diversión, esparcimiento, disfrute y tiempo de socializar que es muy importante. Es mi responsabilidad buscar un balance en esto. Entre más vean mi mamá y papá que cumplo, más fácil será obtener permisos para salir, para ser independiente y moverme solo, moverme sola. A medida que cumplo, me doy cuenta que esta será mi herramienta para construir mi futuro, conseguir un trabajo increíble. Para eso, tengo que estudiar, hacer tareas y cumplir con mis obligaciones en la escuela. Si necesito ayuda, la pediré y en mí está esforzarme para sentirme orgulloso, orgullosa de mí.

USO DE LA TECNOLOGÍA

Cuidaré mi huella digital, esa que voy dejando en cada sitio que visito, y con cada comentario, like o integración que tengo. Estoy consciente que tener la foto de un desnudo de alguien menor de edad es un delito, así como compartirla. Me cuido y cuido a otros. Y elijo no dejar que la tecnología interfiera en mis relaciones personales, en mis obligaciones ni en mis actividades de la vida cotidiana.

Para eso puedo visitar el portal de digital family para aprender acerca de ciudadanía digital en: https://acuerdofamiliar.mx/

NO DROGAS NI ALCOHOL

Por cuidar mi salud y respetarme a mí mismo, diré «NO» a las drogas. Permaneceré alejado, alejada del alcohol para que mi papá y mamá observen una actitud de auto-regulación y responsabilidad. Comprendo que ambas sustancias pueden afectarme tanto física como mentalmente, además de impactar en mi futuro. El decir «NO», no significa decirle no a la diversión; mis papás quieren que la pase bien y que al mismo tiempo no corra riesgos ni caiga prisionero del alcohol y/o drogas. Si tengo curiosidad de probar el alcohol, lo voy a comentar y tendré la guía de mis padres para aprender a disfrutar de manera balanceada, sin perderme ni hacer cosas de las que me arrepienta un día después o me pongan en riesgo.

Si el acuerdo es tomar cierta cantidad y rompo la regla, dependiendo de la gravedad, no habrá permiso o el siguiente permiso será sin probar alcohol.

Si cumplo y demuestro que mi conducta fue responsable, cuidando mis hábitos de sueño, higiene, deporte y académicos, podré ir a la siguiente fiesta, pero sin tomar, para darme cuenta que puede divertirme sin alcohol.

Cumpliendo el acuerdo una semana completa, se reactiva el permiso ya que el objetivo es que logre la conducta responsable (divertirme de manera segura). Entiendo que lo que buscan mis papás es desarrollar una relación balanceada con el alcohol y demostrarme que tengo habilidades de auto-regulación.

PUNTUALIDAD

Una manera de colaborar con la paz de mis papás para saber que estoy seguro y sano, segura y sana, es que me reporte. Esa es la manera en la que, si corro un riesgo, pueden saber en dónde y cómo rescatarme. Si no me reportó o apago el LIfe360, y no aviso que no voy a tener señal, no podrán apoyarme en caso de que necesite algo. Por esta razón acuerdo cumplir con los horarios de llegada y si algo sucede que me impida llegar o salir a tiempo, acuerdo avisar. Esto dará muestras de respeto, responsabilidad y compromiso. También me traerá más permisos, independencia y autonomía.

CONSECUENCIAS

Comprendo y me comprometo a seguir los acuerdos mencionados anteriormente; si fallo en alguna de estas, habrá consecuencias para que aprenda de mis errores y me vuelva responsable.

Las consecuencias estarán ligadas a la falla en la conducta que cometí y siempre buscando que se desarrolle esa habilidad que me falló en la elección en la que tuve el error.

Por todo lo anterior se establece que:

LA PRIMERA VEZ QUE ROMPA UNA REGLA

Si incumplo el horario, se restringe el próximo permiso a menos horas o se cancela el permiso del evento según sea la situación.

LA SEGUNDA VEZ QUE ROMPA UNA REGLA

Perderé el siguiente permiso. Se puede cancelar mi fiesta, reunión o evento, hasta que, de manera consistente, se observe mi cumplimiento de horarios, entregas, respeto y armonía con las reglas y miembros de la casa.

LA TERCERA VEZ QUE ROMPA UNA REGLA

Perderé un privilegio por el siguiente fin de semana o hasta que yo muestre la conducta de responsabilidad. Ejemplo: si cumplo con todas mis responsabilidades de horarios de levantada, entrega de trabajos y tareas, así como clases especiales y horarios de convivencia familiar, el permiso regresa.

Si es por mis reacciones, accedo a tomar una clase de box, karate, taller de emociones, o de teatro.

LA CUARTA VEZ QUE ROMPA UNA REGLA O SI LO QUE HICE ES ILEGAL

Por la gravedad de mis actos y el daño potencial o inminente que esto pudo haberme causado a mí o a alguien más, buscaré junto con mi papá o mamá, ayuda profesional de un psicólogo o psiquiatra por mi bienestar y el de mi familia.

He leído este documento y estoy de acuerdo con todas las reglas y las consecuencias que se mencionaron anteriormente. Sé que mis papás crearon estas reglas para cuidarme, motivarme a que elija lo seguro y para que vaya ganando confianza e independencia y así tendré más permisos para pasarla bien. Si tengo alguna duda, hablaré con mamá o papá para aclararla.

Nombre _____

Firma _____

Hacernos preguntas del tipo que te mostraré a continuación, nos permite conocer y conectar más con nuestros hijos e hijas.

Preguntas para padres y/o adolescentes

- Si pudieras escoger un súper poder, ¿cuál sería y por qué?
- ¿Qué es lo peor que alguien te ha dicho o hecho?
- Si pudieras ser un actor, atleta, escritor o músico famoso, ¿quién serías y por qué?
- ¿Cuál es la cualidad más importante que debe de tener un líder?
- Si pudieras saber una sola cosa acerca del futuro, ¿qué sería?
- ¿Cuál crees que sea el mayor problema del mundo y por qué?
- ¿Cuál es el lugar más bonito que has visitado?
- ¿Quién es el peor maestro o maestra que has tenido? ¿Qué lo hacía tan nefasto, tan nefasta?
- Si fueras invisible, ¿a dónde irías y qué harías?
- Si hicieras una lista de reproducción, ¿qué canciones agregarías?
- ¿Cuál crees que es la mejor canción del mundo? ¿Por qué?

Preguntas de adolescentes para padres

- ¿Qué fue lo más duro que viviste durante tu infancia?
- ¿Cuál ha sido el aprendizaje más duro o doloroso que has tenido?
- ¿Cuál es un momento especial y feliz de tu infancia?
- ¿Quién era tu mejor amigo o amiga cuando tenías mi edad?
- ¿Qué hacían juntos, juntas? ¿Por qué eran mejores amigos, amigas?
- ¿Qué fue algo tonto que hiciste cuando tenías mi edad? ¿Cuál fue tu aprendizaje de esa experiencia?
- ¿Te arrepientes de algo en tu vida?

- ¿Desearías poder rehacer algo en tu vida?
- ¿Cómo era la relación con tu mamá cuando salías a fiestas?
- ¿Cuál es el mejor recuerdo con tu mamá?
- ¿Cómo era la relación con tu papá en la adolescencia?
- ¿Cuál es el mejor recuerdo con tu papá?
- ¿De qué manera crees que es más difícil ser un adolescente en el mundo de hoy o en el tuyo?
- Cuando tenías mi edad, ¿te llegaste a sentir solo o rechazado? ¿Qué hiciste?

Preguntas de padres para adolescentes

- ¿Quién es tu profesor o profesora favorita? ¿Por qué?
- ¿Qué es lo que más te gusta de ti?
- ¿Qué es lo que crees que más me gusta a mí de ti?
- ¿Cuál es uno de tus primeros recuerdos?
- ¿Qué es lo más difícil de ser tú en este momento de tu vida?
- Honestamente, ¿qué es lo que más te preocupa en este instante?
- ¿Qué haces cuando sientes estrés o angustia? ¿Qué te ayuda?
- Cuéntame de la vez que más te has sentido asustado, asustada, ¿qué estaba pasando?
- ¿Alguien te ayudo a sentir mejor?
- ¿Qué es lo más lindo que alguien te ha dicho?
- ¿Quién es tu mejor amigo o amiga en este momento y porqué lo elegiste?

Resumiendo: Utilicemos límites claros y entendamos que nuestros adolescentes tendrán que tomar decisiones, riesgos y asumir consecuencias. Aceptar los límites puede ser frustrante y por eso, lo mejor que podemos hacer, es dejar que pasen del enojo al llanto de impotencia, o de tristeza, por aquello que perdieron y estar ahí con compasión. No tenemos que seguir enojados. Que pierdan la fiesta no quiere decir que no los invitemos a ver una película o a cenar con nosotros. Simplemente la fiesta no será opción porque así fue el acuerdo, pero no por eso debemos distanciarnos ni tratarlos mal.

Aceptar los límites es parte de su formación, de lo que los mantendrá seguros viviendo las consecuencias de sus actos y decisiones. Eso es una gran enseñanza para cualquier adolescente.

Todo esto, va en miras de formarlos como seres independientes que ganen experiencias que los hagan más responsables. Dentro del papel que nos toca como su papá o su mamá, hay que aprender a soltar y al mismo tiempo a estar cerca y accesible cuando se encuentren volando.

10

Sexualidad

En este capítulo solamente vamos a revisar los conceptos más importantes de sexualidad porque el tema abarcaría un libro completo.

Una educación sexual efectiva, desarrolla la capacidad de relacionarse de manera cercana con emociones, pensamientos (creencias), interacciones, en un espacio seguro entre tú y la otra persona. Es la base de una comunicación sana (clara y con límites), de confianza, divertida, en la que puedes sentirte tanto vulnerable como en confianza...

Para lograr lo anteriormente mencionado, es indispensable observar y reconocer las características de personalidad de mi hija o de mi hijo (sin juicios), para facilitar su camino al conocimiento y toma de decisiones adecuadas para su edad. Detectar el nivel de curiosidad y despertar a las sensaciones y emociones de su cuerpo, me ayudará a generar un espacio ideal para su desarrollo.

Para hablar de sexualidad debemos considerar el aspecto biológico, social, psicológico y espiritual. Todos estos nos hacen aprender, vivir y reaccionar hacia la sexualidad de la manera en que lo hacemos. Y hay que tener en cuenta que: EL ÓRGANO SEXUAL MÁS IMPORTANTE EN EL SER HUMANO ES «EL CEREBRO».

Con él pensamos, reaccionamos, rechazamos, aceptamos y juzgamos, por esa razón es indispensable que revise mis valores, creencias y pensamientos acerca de la sexualidad, ya que estos serán la guía y los filtros de mis conversaciones. Todos estos los adquirimos por la forma en la que nos educaron. Si en la infancia o adolescencia no lo vivimos de manera natural, y de adultos, no hemos dedicado tiempo para explorar el tema y trabajarlo, nuestra comunicación y actitud no van a fluir de forma natural y nuestro lenguaje corporal será rígido e incómodo.

Por esta razón nos debemos preparar primero los adultos, ya que somos nosotros, acompañados de su época, la sociedad y las redes sociales, quienes marcaremos a los adolescentes en esta etapa. Si identificas incomodidad para abordar el tema, es mejor que te guíe un especialista en lo que vas desarrollando mejores habilidades.

Pongamos atención en descubrir si nos genera miedo, incomodidad, pena o vergüenza o si llegamos a percibir que algunos temas nos rebasan. Hay que tener claro lo que nos sirve, lo que nos estorba, lo que nos desconecta o aleja de nuestros hijos e hijas y lo que necesitamos trabajar porque no lo tenemos acomodado de manera sana.

Aquí te va una prueba. Que tan cómodo, cómoda, preparado o preparada te sientes para hablar de estos temas y conceptos:

- Relaciones afectivas
- Pareja
- Orientación sexual & identidad sexual
- Creatividad y fantasía
- Excitación
- Confianza
- Seguridad
- Sexting
- Vulnerabilidad
- Erotismo & placer
- Las partes del cuerpo

- Orgasmo
- Reproducción
- Masturbación
- Pene, vulva
- Hormonas
- Los sentidos en el placer
- Cerebro en la sexualidad
- El papel de la piel
- Novedad e inseguridad
- Miedo
- Menstruación, erección, eyaculación
- Embarazo
- Infidelidad

SEXUALIDAD

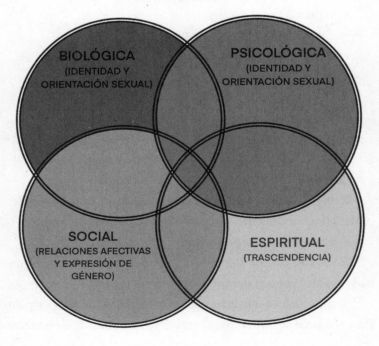

Si al leer todos estos temas te topas con temor, miedo y desinformación, no te preocupes porque hay varios talleres, especialistas, e información valiosa a tu alcance. Al final del libro te dejaré la información para que puedas encontrar recursos de apoyo, por lo pronto, vamos a repasar los conceptos más importantes para tomar en cuenta en la formación de tus hijos e hijas durante la adolescencia.

Lo primero que hay que revisar son los valores que tienes en casa para asegurarte que será congruente la educación con lo que predicas. Revisa mentalmente o pon por escrito los valores que imperan en tu familia y en tu hogar. Una vez que tengas tu lista de valores el paso siguiente será aterrizarlos con los siguientes conceptos:

- Amor
- Confianza
- Intimidad
- Respeto
- Responsabilidad
- Vulnerabilidad
- Gozo (placer, diversión)

Responsabilidad como la habilidad y voluntad de poder controlar algo, en otras palabras saber cómo hacerlo y querer hacerlo. ¿Recuerdas? (Ron Davis autor de *El Don de la Dislexia*).

Intimidad como el cercano espacio seguro en el que puedo desnudar no solo mi cuerpo, sino también mis emociones, pensamientos, ideas y miedos más profundos.

Confianza cuando siento un lugar que me da certeza y seguridad para abrirme y poder ser como soy; sin miedo ni juicios.

Respeto (auto cuidado) como esa actitud que me lleva a cuidarme y tratarme de manera sana, saludable y cariñosa, que no me lastime, ni me ponga en situaciones de riesgo así como tampoco a los demás. Es sentirme en una relación digna.

Amor como ese sentimiento que tengo conmigo y hacia el otro, hacia la otra, en el cual me siento una persona querida, aceptada, apreciada y amada. Esa emoción constructiva que tiene una fuerza poderosa y transformadora.

Gozo como ese balance que se da cuando encuentro el lado divertido y placentero que dan ganas de compartir con alguien más. (Erotismo).

Vulnerabilidad como cuando tengo la valentía de abrir mi corazón, mis sentimientos, sueños, pensamientos y temores más profundos y estoy dispuesta, dispuesto a compartirlos.

Estos son los siete conceptos principales que te sugiero incluir cuando hables de sexualidad con tu adolescente. Siempre tenlos presentes y relaciónalos con los que temas que se vayan presentando.

Para hablar de sexualidad, quiero pedirte que te imagines como si a tu hija o a tu hijo le tuvieras que enseñar un deporte como bici de montaña, escalar o esquiar. Lo primero que harías sería explicarle de qué se trata, compartirle lo divertido que es y hablar de las condiciones en las que se da. Igualmente hablarías de los riesgos y seguramente le presentarías el equipo que van a usar para que se fuera familiarizando con él. Digamos que harías una mezcla entre lo divertido, las reglas de seguridad, las características del clima y del terreno que en el que se puede disfrutar de la actividad en condiciones óptimas.

Pues te tengo una buena noticia, porque para hablar de sexualidad, se hace de la misma manera.

Piensa primero que los adolescentes, se tienen que sentir seguros en el aspecto biológico, entender los cambios, cada una de las etapas, pero incluyendo las emociones más comunes que pueden llegar a sentir. Debes anticiparte al miedo, al asco, a la sorpresa o inseguridad acerca de momentos como la menstruación o la eyaculación. La pena a la que se pueden enfrentar al descubrir que su cuerpo cambia, antes o mucho tiempo después que el resto de sus amigos y amigas. Hablarles de qué podrían hacer cuando se manchan o si de la nada sienten una erección.

Todas estas dudas e inquietudes se podrían volver más ligeras si aprendemos a generar un espacio de confianza en donde podamos conversar acerca de todos estos temas.

Uno de los aspectos más comunes que los adolescentes viven y de los cuales conversan actualmente mucho, es de la diversidad sexual.

En la siguiente página web encontrarás información para entender con mayor claridad la diversidad sexual y el aspecto psicológico de esta y así podrás estar al día con lo que tus hijos manejan.

https://www.genderbread.org/wp-content/ploads/2018/10/Genderbread-Person-v4.pdf

La idea no es que seas tú quién les explique en soledad o directamente. Pueden revisarlo juntos y probablemente tu adolescente tenga mayor conocimiento que tú. Aquí el tema no es que le ganes y estés más informada o informado, lo importante es que trabajes una actitud de apertura, de escucha, de tolerancia, de respeto y de curiosidad. Eso, además de practicar los *tips para escuchar*, evitar juicios a toda costa y preguntar con ganas de aprender y de entender, será la mejor actitud que puedas elegir, para que tus hijos, tus hijas, no se alejen, y sepan que estás ahí para poder conversar.

En mi Podcast de *Construyendo Bienestar* está el capítulo de «Cómo hablar de sexo con tus hijos», episodio que te ayudará con ideas de para complementar el cómo hacerlo.

Búscalo como: Podcast Cathy Calderón de la Barca —Construyendo Bienestar — «Cómo hablar de sexo con tus hijos» en:

https://open.spotify.com/episode/0KW9jMgpoT4AMgVqH7nBOJ
?si=u7hRUKCmRraxZlBWXHycTg&nd=1

La diversidad de género explicada con una galleta de Jengibre

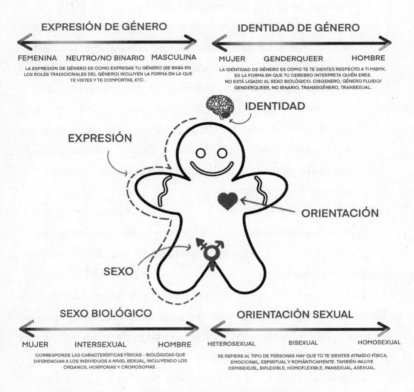

EXPRESIÓN DE GÉNERO

FEMENINA   NEUTRO/NO BINARIO   MASCULINA

LA EXPRESIÓN DE GÉNERO ES COMO EXPRESAS TU GÉNERO (SE BASA EN LOS ROLES TRADICIONALES DEL GÉNERO) INCLUYEN LA FORMA EN LA QUE TE VISTES Y TE COMPORTAS, ETC.

IDENTIDAD DE GÉNERO

MUJER   GENDERQUEER   HOMBRE

LA IDENTIDAD DE GÉNERO ES COMO TE TE SIENTES RESPECTO A TI MISMX. ES LA FORMA EN QUE TU CEREBRO INTERPRETA QUIÉN ERES. NO ESTÁ LIGADO AL SEXO BIOLÓGICO. CISGENERO, GÉNERO FLUIDO/GENDERQUEER, NO BINARIO, TRANSEGÉNERO, TRANSEXUAL.

IDENTIDAD

EXPRESIÓN

ORIENTACIÓN

SEXO

SEXO BIOLÓGICO

MUJER   INTERSEXUAL   HOMBRE

CORRESPONDE LAS CARACTERÍSTICAS FÍSICAS - BIOLÓGICAS QUE DIFERENCIAN A LOS INDIVIDUOS A NIVEL SEXUAL, INCLUYENDO LOS ÓRGANOS, HORMONAS Y CROMOSOMAS.

ORIENTACIÓN SEXUAL

HETEROSEXUAL   BISEXUAL   HOMOSEXUAL

SE REFIERE AL TIPO DE PERSONAS HAY QUE TÚ TE SIENTES ATRAÍDO FÍSICA, EMOCIONAL, ESPIRITUAL Y ROMÁNTICAMENTE. TAMBIÉN INLUYE DEMISEXUSL, BIFLEXIBLE, HOMOFLEXIBLE, PANSEXUAL, ASEXUAL.

Fuente: genderbread.org @elperiodico/@EPGráficos

Ayudémonos con esta figura para poder entender los siguientes conceptos:

- Sexo Biológico. Se refiere a la parte de mi cuerpo que me define como hombre, mujer o intersexual (genitales, hormonas, cromosomas). Puedo tener características físicas claramente definidas o desarrolladas de manera atípica, en la que podría ser un pene poco desarrollado o una vulva demasiado crecida, parecida a un pene.
- Expresión de género. Se refiere a la manera en que expreso esa energía con la que me identifico (ropa apariencia, movimientos, etc.). Puede ser distinta a lo que se espera socialmente, puede ser femenina, trasvesti, no binario, transgénero, masculino. Es la manera en la que comunico la manera en la que me identifico con lo femenino, masculino o neutro.
- Identidad de género. Se refiere a esa parte de mí conectada con mi interior que me dice cómo me vivo, me pienso, me siento, me nombro y me identifico. También incluye cómo te sientes en relación a tu género (masculino-femenino) y a la manera de expresarlo.

Qué es cisgénero, transgénero, género fluído, gender queer...

Gender queer o Intergenero: cuando no me siento ni como hombre ni como mujer.

Transgénero o Trans: cuando el sexo que te asignan al nacer es diferente a la expresión de género y conductas que muestras para expresar quién te sientes y eres. (Si tu cuerpo es de mujer y te sientes y vives como hombre o al revés).

Cisgenero: si cómo me siento y me percibo coincide con mi cuerpo (tengo vulva, vagina y ovarios y me siento mujer o tengo pene y testículos y me siento hombre).

Genero fluido: cuando sientes que tu identidad puede cambiar y no es fija, puedes sentirte como hombre unos días, como mujer otros y en otros más como una combinación de ambos.

Binarismo de género: cuando la expresión de género no coincide con sentirte mujer o hombre, no te ubicas en la energía masculina ni femenina.

¿Qué es la orientación sexual? Según la American Psychological Association. (APA) *(www.apa.org)*:

> *La orientación sexual es una atracción emocional, romántica, sexual o afectiva duradera hacia otros. Se distingue fácilmente de otros componentes de la sexualidad que incluyen sexo biológico, identidad sexual (el sentido psicológico de ser hombre o mujer) y el rol social del sexo (respeto de las normas culturales de conducta femenina y masculina).*

La conducta no necesariamente expresa o habla de la orientación sexual de las personas.

La orientación sexual es de quién me enamoro, por quién siento atracción, me siento atraído, hacia dónde oriento mi atención y mi amor: heterosexual, homosexual, bisexual, asexual, pansexual, demisexual.

- Heterosexual me enamoro o siento atracción por las personas del sexo opuesto.
- Homosexual me enamoro o siento atracción por personas del mismo sexo.
- Bisexual me enamoro o siento atracción por personas del mismo sexo y sexo contrario.
- Pansexual me enamoro o siento atracción por el ser, la esencia de la persona, sin importar el sexo adquirido al nacer, el rol o expresión de género, la orientación o identidad sexual.

- Demisexual me enamoro o siento atracción por personas con las que establecí un vínculo afectivo y siento esa conexión emocional.

En este link están explicados en español de manera muy clara para que los puedas revisar: https://www.instagram.com/p/CNlbjNvhjSl/?utm_medium=copy_link

Hablar de sexualidad se hace todos los días. A través de lo cotidiano, desde nuestra relación y forma de expresar el afecto y las emociones. Lo hacemos cuando transmitimos conocimientos, valores, costumbres, y con nuestras formas de actuar, con las palabras y conversaciones que tenemos.

El aspecto social de la sexualidad incluye:

- Hablar de la expresión de género.
- Las relaciones afectivas.
- Las redes sociales & sexting.

Te recomiendo visitar la página de Digital Family (digitalfamily.mx) en donde encontrarás recursos para aprender y enseñar acerca de seguridad, acuerdos y la huella digital, entre otros contenidos de importancia, ya que los temas que más le interesan a la gran mayoría de los adolescentes son: la equidad de género, la violencia en el noviazgo, los escándalos y chismes en las redes sociales.

Otro tema que debemos de tratar con nuestros hijos e hijas es el de la pornografía, pero a través de la humanización del ser humano, como una búsqueda de la exploración y aterrizándoles la parte de la fantasía para que se quede como eso. La fantasía no es la realidad, como cuando se creían Superman y querían volar. Lo que ven en la pornografía no es real y, a pesar de que pueden usarlo para jugar y divertirse, siempre y cuando se tengan presentes los valores y los conceptos claves para cuidarse en una relación teniendo en cuenta que las decisiones ahí son siempre de dos y se deben respetar.

En resumen, lo que podemos decir de la pornografía es: Te da curiosidad, pero te puedes topar con imágenes que te impacten, y recuerda que una imagen que entra a tu mente no se borra. Hay que saber si lo que queremos es ver un desnudo y cuál sería una forma segura de hacerlo. Si yo me quedo con la idea de cómo es una relación sexual a través de la pornografía puedo afectar la manera en la que me voy a relacionar porque no es algo real y falta el amor y conexión.

Recordemos que las relaciones con personas que amamos, con las que nos divertimos e interactuamos físicamente nos hacen sentir emoción, ilusión, enamoramiento, atracción y es algo muy lindo. Si pensamos que las relaciones se parecerán a la pornografía nos quedaremos con una expectativa que no será real.

Vale la pena tomar en cuenta que las relaciones persona a persona, implican valentía, confianza en uno mismo y seguridad, porque no es fácil ver a los ojos a la persona por la que sentimos atracción, tenerla cerca y saber con certeza cómo actuar. Para eso nos sirven las relaciones previas con amigos y familia, porque nos hacen conocer acerca de la comunicación, confianza y el trato que nos gusta y nos hace sentir cómodos y cómodas.

Aquí te dejo un listado de temas que pueden abrir conversaciones con tu adolescente para que escuches sus puntos de vista y puedas conocer a la persona en que se está convirtiendo:

- Acoso sexual.
- Abuso sexual.

- Violación, relaciones forzadas.
- Homofobia.
- Alcohol, drogas y erotismo.
- Embarazo en adolescentes conocidos.

Tener pláticas sobre estos temas debe hacerse de forma natural, si tú te sientes estresado o estresada, con incomodidad y rechazo o intolerancia a alguno, eso transmitirás a tu adolescente. Por esto debes de estar preparada, preparado, para hacerlo.

Un ejercicio útil que voy a dejarte a continuación es revisar varios puntos que nos harán ver si nuestros hijos se sienten preparados para iniciar su vida sexual. Esta ckecklist no es para que les dejes esa tarea, sino simplemente para platicar de los temas ligados a sus emociones, relaciones y agencia de responsabilidad.

Recuerda que:
- **Entre más informados estén, más retrasan su inicio a la vida sexual.**
- **Entre más y mejor informados estén, tomarán mejores decisiones.**

Checklist de material: Checar con tu adolescente si se siente cómodo de hablar de estos temas con una pareja, si siente que domina y conoce cómo se utiliza o cuándo y por qué es necesario cada uno de ellos. Invítalo a reflexionar sobre esto.

1. Condones.
2. Lubricante.
3. Anticonceptivos.
4. Teléfono de apoyo (por si surge alguna duda o accidente como que se le atoró el condón dentro de la vagina).

5. Dinero para cualquier eventualidad.

Checklist de emociones: Checar si con una pareja siente la confianza de hablar de los siguientes temas y si cuenta con todos estos recursos.

1. Comparte valores, sueños, miedos, con su pareja.
2. Puede reír, llorar, enojarse, expresar temor con confianza de que sus sentimientos son aceptados.
3. Cuenta con un adulto de confianza para tocar base.
4. No usa el sexo para manipular amor, y sabe reconocer la diferencia.
5. Ubica una relación abusiva.
6. Conoce el resultado de lo que puede suceder al tener relaciones sexuales con su pareja, no solo el riesgo de embarazo, sino de desnudar quien es ante alguien más.
7. Sabe cómo reaccionaría cada uno con un resultado de embarazo.

Checklist de la relación:

1. Se siente seguro, segura, cómoda o cómodo para poner límites.
2. Reconoce lo que le gusta y se siente con la seguridad y confianza de expresarlo.
3. Es alguien confiable y elije personas en las que puede confiar y no lo traicionan o defraudan.
4. Se siente seguro, se siente segura de comunicar y preguntar lo que necesite y ser honesto, honesta.
5. Hay espacio seguro para mostrarse vulnerable con el otro.

6. Se siente segura, seguro de dar consentimiento de qué sí explorar y de que parte no quiere, no está convencido, convencida, preparada o preparado o no le interesa.

Checklist de su cuerpo y salud: Ha cuidado de su cuerpo y sabe cómo la otra persona cuida de sí misma.

1. Conoce todas las partes de su cuerpo, y sabe reconocerlas y nombrarlas.
2. Se siente cómodo, cómoda con su cuerpo.
3. Ha tenido interacción físico-afectiva y se siente capaz de disfrutar y elegir los lugares adecuados para hacerlo estando seguro, segura y en privacidad.
4. Puede manejar alguna molestia o dolor y comunicarlo.
5. Reconoce que tiene buena salud e higiene sexual.
6. Ha tenido infecciones y las ha atendido.
7. Su pareja y él, su pareja y ella, podrían manejar un riesgo juntos o se quedaría solo, sola.

Checklist de conceptos que hay que trabajar con nosotros como padres y madres para saber cómo compartirlos y hablar de ellos con nuestros adolescentes:

1. Placer a través de todos los sentidos, porque sabemos que tenemos el derecho y el permiso de sentir y gozar, empezando por la comida, las caricias, un atardecer o amanecer, el arte, la música, las buenas compañías, nuestras mascotas, la naturaleza, etc.
2. Sentimientos y emociones. La diferencia radica en que la emoción es la expresión de la energía de cada emoción en el cuerpo y el sentimiento incluye pensamientos, ideas creencias y el espacio de la relación.

3. Masturbación. Hablar de lo importante que es la auto exploración como camino al auto-conocimiento.

4. Privacidad. Reconocer el espacio que te da seguridad a ti y cuando estás en una relación. Va de la mano con sentir seguridad y confianza.

5. Erotismo. Toda conexión con el placer, sentirte sensual, sexy y conectado, conectada con el deseo y el gozo.

6. Orgasmo. La importancia de saber reconocer lo que te gusta y ser dueño, dueña de tu propio orgasmo. El orgasmo es de quien lo trabaja.

7. Límites. Cómo poner límites cuando estás asustado, asustada o avergonzada, avergonzado.

Recuerda que hablar de sexualidad se hace a lo largo de los días, sin tenerte que sentar para tener una conversación. Se trata más del ejemplo que le das de cómo te relacionas tú con tu propia pareja y cómo te relacionas con tus hijos e hijas. Tu manera de tratarlos marca y pone la pauta para su elección de pareja. Es mejor poner atención a tu propia relación con tus adolescentes, para volverla un lugar más cómodo. Detente unos momentos y observa cómo es tu comunicación. ¿Cómo les hablas cuando tocas algún tema «fuerte» para ti?

1. ¿Escuchas con paciencia y con amor?

2. ¿Les juzgas si no opinan igual que tú?

3. ¿Tienes el cariño y el cuidado de llevarles de la mano por los temas complicados para explicarles o sugerirles que incluyan una posición distinta?

4. ¿Corriges a base de juicios o insultos?

5. ¿Les escuchas con ganas de conocer sus puntos de vista?

Si tu estilo de comunicar estuviera siendo el indicador del tipo de pareja que se van a encontrar descríbelo y observa qué te encuentras…

¿A una persona que los quiere entender y les escucha? ¿Alguien que les muestra su amor y compromiso? ¿O alguien impaciente intolerante que lo último que parece es que les ama y les entiende?

Esa es la persona que hoy traen en su radar. Si no estás satisfecha, si no estás satisfecho con lo que te encontraste, cambia. Genera una interacción distinta usando todas las herramientas que hemos visto con anterioridad.

Aprendiendo del perdón

Por último, la sexualidad y las relaciones afectivas nos dan la oportunidad de hablar acerca de cómo disculparnos y aprender a pedir perdón a una pareja, uno que repare las acciones que en ocasiones cometemos y que requieren de un espacio de reparación.

La psicóloga y autora norteamericana, Harriet Lerner, nos sugiere 9 puntos de cómo pedir perdón que aquí te resumiré:

1. Elimina la palabra *PERO* de la disculpa.
2. Pon toda tu atención en tus acciones, en lo que dijiste o hiciste. No te enganches con la reacción de la otra persona. Esto se trata de ti.
3. Ofrece una manera de reparar la acción.
4. Ten presente que perdonar no borra el incidente de la relación, ten paciencia.
5. Por ningún motivo te enfrasques en quien empezó o quien hizo algo más grave.
6. Es necesario que asumas el compromiso de no volver a repetir la acción.

7. Pedir perdón no tiene el objetivo de callar a la otra persona o desmostrar superioridad.

8. No debes de buscar tu beneficio si a la otra persona esa acción la lastima.

9. No se debe de pedir a la otra persona que esté obligada a perdonar y a que acepte la oferta de reparar el daño de inmediato. Esa es elección de la otra persona y es un acto voluntario.

Aquí están estos dos recursos en inglés:

https://www.instagram.com/reel/CUVPGAbgYbP/?utm medium=share sheeten

En Instagram checa la entrevista de Brene Brown y busca el podcast de Harriet Lerner.

Te comparto también que, en mis talleres en línea en www. cathycdelabarca.com hay material en español por si sientes que necesitas mayores recursos.

Cuando esperamos que nuestros adolescentes puedan pedir un perdón auténtico y sentido, lo más sencillo es revisar qué ejemplo les hemos dado de esta acción. Cuando los hemos lastimado, ¿nos acercamos a reparar? ¿Es fácil para ti reconocer si los lastimas? Y si es así, ¿tienes la capacidad de mirarles y validar sus sentimientos, reconociendo que se asustaron, se frustraron o se sintieron avergonzados por algún grito o regaño que les diste de manera injusta?, o quizás, ¿les llamaste la atención delante de alguien más?

Pedir perdón es un acto de integridad, responsabilidad, honestidad y principalmente de amor.

Es importante que sepas que la mayoría de los adolescentes cargan con recuerdos y situaciones de dolor o resentimiento con sus padres que se podrían reparar con una disculpa sentida cuyo valor es reconocer el dolor de la otra persona. Cuando somos testigos de lo que a alguien más le dolió o afectó alguna acción, le damos el valor de reconocer y validar esa emoción que había quedado a flor de piel, expuesta y sin sanar. Y es sorprendente cómo, en un par de minutos, se sanan años de dolor y resentimiento cuando se logra dar una disculpa sincera, autentica y sentida con el corazón.

Resumiendo: La sexualidad y las relaciones nos pueden llegar a conectar con lo más profundo de nuestra humanidad y lo más importante, nos hacen ponerle atención a nuestra propia relación con nuestro adolescente para que sea el espacio en donde ambos podamos crecer y evolucionar.

* * *

Sin embargo, el tema requiere de mayor profundización. Para los adolescentes hablar de sexualidad es un recurso que los ayuda a conocerse y mantenerse fuera de riesgo. Considero tan importante el tema que hay material suficiente para un libro. Aquí vimos una recomendación, pero si te interesa, en mi página hay material que te puede apoyar. Definitivamente nos tenemos que preparar como padres para saber cómo hablar con nuestros hijos, ya que durante todos los talleres que llevo haciendo por más de 20 años, me encuentro la misma realidad: los padres son los últimos en enterarse de toda la información equivocada y confusa que tienen los hijos.

Una parte indispensable en la sexualidad es el área emocional. Cuando nacemos estamos abiertos a sentir todas las emociones y conforme crecemos vamos evitando sentir y recibimos muchos juicios de nuestro exterior y en ocasiones vivimos situaciones dolorosas que nos invitan a cerrarnos emocionalmente. Por estas razones, nos bloqueamos y empezamos a ver las emociones como algo malo. Como base de una vida más saludable debemos de reconciliarnos con nuestras emociones y aprender a nombrarlas y a saber qué hacer con ellas. Ese es uno de los pasos básicos para el desarrollo de nuestra salud mental y para mejorar nuestras relaciones.

Marc Brackett, Ph.D. nos explica en su libro *Permiso para sentir* la importancia de saber manejar las emociones ya que afectan de manera directa nuestras decisiones. Nos comparte cómo las emociones prácticamente determinan nuestras acciones. Y si algo pone en riesgo a nuestros adolescentes es justo la manera poco efectiva e inmadura de cómo toman decisiones. Te recomiendo prepararte más y conocer acerca del manejo de tus emociones para que seas un ejemplo coherente para tus hijos, para tus hijas.

El tema de la sexualidad y de cómo hablarlo con nuestros hijos e hijas de todas las edades es, sin duda, uno de los que más preocupan a padres y madres de todo el mundo. Hay siempre una opción para acercarse a ella en forma de libro, plática, curso, asesoría, especialistas, consulta, podcast, columna, charla, etcétera, para que busques lo que a ti te funcione y te brinde apoyo para tocar estos temas con tus hijos e hijas a quienes tienes la obligación, pero también la gran fortuna, de educar.

Más apuntes del tema

Si nosotros no estamos acostumbrados a platicar y a conocer acerca del desarrollo psicosexual de nuestros hijos, ellos menos van a tener la información que se requiere para entenderse. En la adolescencia están presentes tantas voces, que es fácil que se genere confusión, es cuando más sencillo se vuelve adoptar roles o conductas de personas cercanas. Si no tenemos afianzadas nuestras raíces será fácil tener actitudes y opiniones cambiantes y las redes sociales influyen mucho en este cambio de perspectiva y de ruido que se genera.

El desconocer los términos, los conceptos y el contexto en el cual nuestros hijos e hijas crecen, nos deja fuera de esta etapa como participantes activos en su formación. Recordemos de lo que hablábamos en el capítulo del desarrollo del cerebro; no es hasta después de los 24 o 25 años que podemos hablar de madurez en este órgano. Así que, si esperamos que tengan claridad entre los 15 y 18 años acerca de su identidad, orientación y expresión de género será demasiado pronto para colgarse etiquetas y definirse. Su propia personalidad está en desarrollo. Recordemos que nacemos con una especia de materia prima, que es el temperamento; a lo largo de los años vamos desarrollando el carácter. Mucho de este proceso sucede con las conductas que actuamos, observamos y vivimos en la adolescencia y todo esto va conformando nuestra personalidad. Vale la pena escucharlos, y validar lo que sienten, pero apoyándonos en voces expertas para que no sea una red social quién los soporte en este proceso. Una gran parte de adolescentes se definen en esta etapa y, cuando los padres están presentes, los hijos se sienten contenidos, amados y aceptados. Este acompañamiento vale la pena hacerlo con cariño, curiosidad, muchas ganas de escuchar y bajándole el volumen a los juicios y críticas.

Si tú formas parte de su mundo, tu voz será una opinión más que los guíe y los ayude a cuestionarse con amor. Conocer acerca del tema del desarrollo sexual es indispensable no solo para saber qué sucede con la biología sino con todo lo que son.

Si además de formar parte de su mundo, tienes una relación cercana y cariñosa con ellos, con ellas, un vínculo sólido, podrás participar de manera más activa. Recuerda que la opinión de alguien a quien admiras y respetas vale mucho más en nuestras vidas. El resultado de esta admiración y respeto es que ESCUCHAS de manera natural. Esto mismo sucederá con tu adolescente.

Estar abiertos y curiosos de lo que los compañeros, compañeras, amigos, amigas, artistas favoritos, redes sociales, la moda, los libros o personajes a los que siguen, opinan y expresan, son elementos que te ayudarán a conocer y a interactuar más de cerca y saber lo que les influye en el proceso de volverse los adultos que serán en un futuro.

Es en la adolescencia la etapa en la que surge, a través de las redes sociales, el fenómeno que llamo —*LIKETUESTIMA*— que se refiere a ese concepto que se va formando y deformando por lo que leemos y escuchamos en las redes, que nos confirma quiénes somos y cómo nos sentimos valorados. Esa información con la cual nos identificamos y confirmamos lo que creemos que somos. Esta necesidad de recibir «likes» para asegurarme que lo que pienso, siento y expreso «está bien» y hay varias personas más que piensan igual que yo, por lo que confirmo ese sentido de pertenencia.

Liketuestima incluye cuando lo que leo y escucho en las redes alimenta la identidad, los gustos, el autoconcepto y la confianza en nosotros mismos: en mí misma, en mí mismo. Y como en la adolescencia, por naturaleza de la edad, no está afianzada la AUTOESTIMA, los adolescentes quedan expuestos a lo que otras personas escriben y escuchan en Google, TikTok, Instagram o Facebook. Tristemente no siempre son opiniones serias y profesionales.

Varios de los adolescentes con los que platico me comparten como a través de TikTok «salen del closet». Ahí encuentran tips de cómo saber si eres bisexual, cómo contarlo, cómo saber si eres gay, y particularmente, encuentran un espacio «libre de juicios» en donde se pueden expresar libremente y sin miedo.

* * *

El riesgo de este fenómeno en el desarrollo de su identidad y orientación sexual, es que puede generarse una confusión, un sentimiento de vergüenza tal, que no les permita aceptar que se anticiparon. El propio ego producto de la inmadurez emocional será incapaz de aceptar un error, y más por haberse enfrentado a un padre o madre que les llevó la contra, a quien tuvieron que imponerse y rebelarse. Así que por miedo a no aceptar un error pueden afectar sus relaciones de manera definitiva.

Esta es la razón por la que vale la pena explorar las confusiones e inquietudes de nuestros adolescentes, y tratar de hacerlo con una postura de «no juicios» y acompañamiento profesional cuando no nos sentimos capaces de hacerlo solos. Cuando tienen la claridad de haber sentido atracción, amor y deseo por alguien que lo haya hecho cuestionar su orientación e identidad y nos lo comparten, es información que viene desde su corazón y que si la recibimos con juicios lo que vamos a lograr es un distanciamiento y que duden de nuestro amor incondicional.

La adolescencia puede estar poniendo frente a nosotros heridas, traumas que se han destapado, adicciones derivadas de un dolor, soledad e incomprensión profunda que, muchas veces se origina en nuestra propia relación con nuestros adolescentes. La adolescencia es momento de encontrarnos con personas distintas a las que conocíamos en la infancia y en la pubertad. Es un momento de búsqueda de ellos y ellas como adolescentes y de descubrimiento de todos: (padres, madres, hijas e hijos). Porque nuestros adolescentes nos descubrirán como esos padres y madres con defectos e incongruencias, serán nuestros peores jueces; y, si no tenemos cuidado, nosotros haremos lo mismo.

Como te podrás dar cuenta, nuestros adolescentes nos acercarán la oportunidad de ser esos guías y compañía de viaje que les hagan seguro, divertido, interesante y valioso el camino, y serán ellos los que nos inviten a conocer de lo que somos capaces de ofrecer en una relación. Es a través de nuestra relación con nuestros hijos e hijas que nos daremos cuenta de qué estamos hechos y de qué tamaño es el nivel y la calidad de nuestro compromiso con ellos, con ellas.

Es indispensable conectarnos con ese miedo, temor, vacío, soledad y sin sentido, para comenzar una búsqueda, encontrando herramientas que nos sostengan en el conflicto y en el miedo que se pasa en esta etapa. Esto con el fin de construir una relación que esté basada en amor y aceptación incondicional de ellos, de ellas, hacia la persona, aunque no de sus conductas. A medida que nosotros estemos más preparados y trabajados en nuestro desarrollo interior será más fácil que nuestros adolescentes tengan mejores ejemplos de nuestra parte.

Conclusión

Como padres y madres que formamos adolescentes, que en un futuro formarán nuestra sociedad, tenemos que entender el papel tan importante de nuestro propio desarrollo personal, ya que es con nuestro ejemplo, fortalezas, traumas y actitudes y con nuestro desarrollo personal, que educamos a nuestros hijos y a nuestras hijas. Nuestra manera de actuar y el trato que les damos deja huella en la forma en la que van a elegir a sus parejas, en la que conformarán sus familias, y en la que tomarán decisiones que marquen el futuro de nuestro país y de nuestro mundo.

Cómo dice alguien a quien admiro y amo mucho:

«No podemos cambiar lo que no podemos tocar».
David Reyes A.

... y quienes tocamos a nuestros hijos e hijas con nuestra presencia o ausencia, ignorancia, sabiduría, compromiso, amor, cercanía, confianza, inspiración, etc, somos sus padres lo tengamos consciente o no. Y de la misma manera quienes nos tocan, nos transforman y nos enfrentan con nuestros puntos ciegos y partes desconocidas son ellos, son ellas.

A través de los años, y en la mayoría de las culturas, hemos escuchado la importancia de una buena educación, hoy más que nunca, derivado de la pandemia, hemos visto la importancia de incluir en esa educación el cuidado y desarrollo socio-emocional. La vida nos ha invitado como individuos a hacernos responsables de nuestra salud mental y desarrollo socio-emocional, para que nuestros hijos e hijas tomen ese ejemplo. Si elegimos tomar acción y hacer este compromiso, estaremos mejor preparados para establecer relaciones de mayor calidad con nuestros adolescentes. Esta, sin duda, será la base para una mejor sociedad.

¡Gracias por sumarte a este objetivo!

Recursos de apoyo

Taller de sexualidad en: www.cathycdelabarca.com

Construyendo Bienestar Spotifycathycdelabarca

https://open.spotify.com/episode/2V1oJhiL5Y0WVeO6myOxuW?si=A
VwwrVn2SP6fEqrFtE58OA&dl_branch=1

YouTube cathycdelabarca:
«Adolescentes Examen para padres»
«Cuidar de nuestros Hijos puede Alejarlos de las Adicciones»
«Mamá soy Gay»
«Trauma, el dolor que no se ve»

Qué deben saber mis hijos sobre el mundo digital https://
digitalfamily.mx/iniciadores-de-conversacion/

Los libros para consultar están indicados en cada uno de los temas donde menciono a sus autores y conceptos. No dudes en revisarlos, también son una gran herramienta.

Ted Talks recomendadas:
Anne Curzan: «What makes a word real»
Beautiful New Words to describe obscure emotions
Brenee Brown. The Power of Vulnerability
Stuart Brown: Play is more than just fun
Mihaly Csikszentmihalyi: Flow, The secret of happiness

Conoce más del tema y de la autora en:

www.cathycdelabarca.com

 IG: cathycdelabarca

FB: Cathy C de la Barca

YouTube: cathycdelabarca

Twitter: cathycdelabarca

Agradecimientos

Primero que nada, quiero agradecer a mis padres por la infinita paciencia, amor y más paciencia que me tuvieron en mi adolescencia. A mis hermanos porque aguantaron y aceptaron mi lado inmaduro. GRACIAS, GRACIAS, GRACIAS.

A mi manager y gran amiga Laura, gracias por reconocer lo valioso de mi trabajo.

A la Dra. Nora Kerik Rotemberg, especialista en medicina nuclear, por su apoyo en la revisión del material ligado al cerebro adolescente.

A todos mis adolescentes, alumnos, padres de familia, maestros y colegas que han utilizado estas valiosas herramientas y que me han permitido acompañarlos en los talleres y consulta privada. Gracias porque con su trabajo ayudan a que este mundo sea mejor.

A mis amigas por aguantar y querer a la adolescente que llevo dentro; y por su ayuda revisando mis errores en el texto y en la vida.

A mis grandes maestros Dany y Pablo, los amo. Gracias por su compañía y por enseñarme a corregir mis equivocaciones también con amor.

Y por último, a mi «sujeto de investigación», compañero, fan, cómplice, amigo y la otra parte del equipo en la adolescencia de nuestros hijos. GRACIAS por tu infinito apoyo y por ser la persona que más me ha impulsado a crecer. Gracias oso. Te amo.

Apéndice:
Más información
sobre el cerebro

El cerebro humano es, sin lugar a dudas, el órgano más increíble del cuerpo. Cuanto más avanzan los conocimientos en neurología, más nos damos cuenta de su nivel de complejidad, pero también de todas las acciones asombrosas que es capaz de realizar nuestro "centro de control".

K. Brodman (1868-1918), neurólogo alemán, fue quien dividió la corteza cerebral en más de 40 áreas de acuerdo con las diferencias estructurales microscópicas que encontró. Un **área de Brodmann** es una región de la corteza cerebral definida con base en su citoarquitectura.

La citoarquitectura de la corteza cerebral es la forma en la que están distribuidos los cuerpos de las neuronas que van ala corteza cerebral. Brodmann postuló áreas funcionales, (numeradas) basado solamente en la arquitectura histológica microscópica.

Como ejemplo veamos el lóbulo frontal:

El lóbulo frontal está implicado en funciones motoras y mentales muy importantes. Su increíble desarrollo en los humanos es lo que, según las investigaciones en neurología y biología evolutiva, ha permitido que hayamos podido crear un lenguaje inteligente y completo, que podamos controlar nuestros impulsos, que seamos capaces de resolver problemas y que nuestras emociones y sentimientos sean tan complejos.

Allí se encuentra la corteza prefrontal. (9 a 12 de Brodmann). Es la región del lóbulo más cercana a la frente y la que hace posible que desarrollemos las acciones que, en definitiva, nos hacen humanos: pensamiento, organización del tiempo, imaginación, juicio, sentimientos, emociones, reprimir impulsos, pensar en ideas abstractas… Estas áreas son en las que hicimos hincapié a lo largo de este libro.

Los humanos no tenemos todas nuestras capacidades cerebrales listas para ser utilizadas al nacer. Es un proceso lento que comprende desde el nacimiento y alcanza la madurez aproximadamente a los 26 años.

Es por esta razón, que te pido que no tires la toalla y que entiendas la adolescencia como un momento que muchas veces nos quita las ganas de estar, pero que requiere, sin duda alguna, de nuestra presencia y amor.

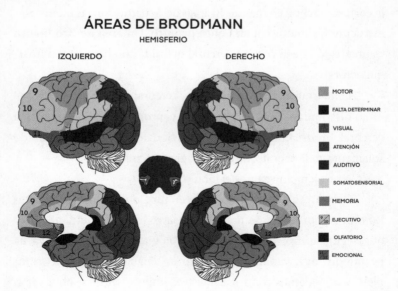

ÁREAS DE BRODMANN

Ecosistema digital

Floqq
Complementa tu lectura con un curso o webinar y sigue aprendiendo.
Floqq.com

Amabook
Accede a la compra de todas nuestras novedades en diferentes formatos: papel, digital, audiolibro y/o suscripción.
www.amabook.com

Redes sociales
Sigue toda nuestra actividad. Facebook, Twitter, YouTube, Instagram.

EDICIONES URANO